Ute & Tilman Michalski

**Das Ravensburger Werkbuch
Papier**

Das Ravensburger
Werkbuch

Papier

Ute & Tilman Michalski

Ravensburger Buchverlag

Bibliografische Information Der Deutschen Bibliothek

Die Deutsche Bibliothek verzeichnet diese Publikation in der Deutschen Nationalbibliografie; detaillierte bibliografische Daten sind im Internet über http://dnb.ddb.de abrufbar.

4 3 2 1   10 09 08 07

© 1991, 2001, 2007 Ravensburger Buchverlag
Otto Maier GmbH
Postfach 1860
88188 Ravensburg

Alle Rechte, auch die des auszugsweisen Nachdrucks, der fotomechanischen Wiedergabe und der Übersetzung, vorbehalten.

Illustrationen: Tilman Michalski
Fotos: Ute Michalski
Umschlagfotos: Ute Michalski
Umschlagkonzeption: Schmieder & Sieblitz
Layout: Ulrike Schneider
Redaktion: Susanne Wahl
Printed in Germany

ISBN 978-3-473-55629-8

www.ravensburger.de

Dank an Herrn Dr. W. Zohner für die Hunde von Seite 32.

Inhalt

Kleine Papiergeschichte	6
Nur ein Stück Papier	8
Wenn die Sonne lacht	10
Alles aus Luftschlangen	12
Perlen aus Papier	14
Der große Drache	16
Geflochtene Osterkörbchen	18
Ein Star unter den Sternen	20
Kugelturm	22
Achterbahn mit Looping	24
Bei den Pfahlbauern	26
Grüße vom Oktoberfest	28
Jahrmarktsbuden	30
Der bunte Hund	32
Wenn der Frühling kommt	34
Knusper, knusper Knäuschen	36
Weiter Ritt nach Sandvalley	38
Blaue Märchenstunde	40
Auf den Straßen ist was los	42
Hier wohnt Familie Maus	44
Kommt ein Vogel geflogen	46
Der Zirkus ist da!	48
Da kam die gute Fee herein	50
Prinzessin auf der Ente	52
Blumenzauber	54
Wasserspielzeug für Strandtage	56
Schiff ahoi!	58
Gans, wo brennt's?	60
Sommerschmuck für die Strandprinzessin	62
Rosen, Tulpen, Nelken ...	64
Löwenzahn, zünde deine Lichter an	66
Höhlenabenteuer	68
Indianer am Lagerfeuer	70
Auf dem Christkindlmarkt	72
Schattenporträt	74
Herzlichen Glückwunsch!	76
Kleisterpapier	78
Batikpapier	80
Fensterhühner	82
Marmorpapier	84
Im japanischen Garten	86
Falt-Falter	87
Windradbaum	88
Himmelsstürmer	90
Nikolaustüten	92
Überraschungsstern	94
Kartenschloss	96
Im Unterwassergarten	98
Zauberkästen	100
Papiertheatertänzer	102
Das Biest des Monsieur Racine	104
Perliko – Perlako	106
Dichter und Denker	108
Im Schattenwald	110
Osterhase, Schnuppernase	112
Das Wunder-Ei	114
Grünohr und Blaumaus	116
Jakob, wo bist du?	118
Indianerleben	120
Ein Zwerglein steht im Walde	122
Stapeldorf	124
Dickhäuter mit dünner Haut	126
Ein komischer Käfer	128
Papierschöpfen	130
Schöpfexperimente	132
Handzeichen	134
Kurzinformation	136
Register	138

Geschichte

Kleine Papiergeschichte

Ursprünglich wurde Papier nur als Nachrichtenträger benutzt. Ein chinesischer Hofbeamter, Tai Lun mit Namen, soll es im 1. Jahrhundert unserer Zeitrechnung erfunden haben. Es war eine Notlösung, denn die Seide, auf die bis dahin geschrieben wurde, war viel zu kostbar geworden.

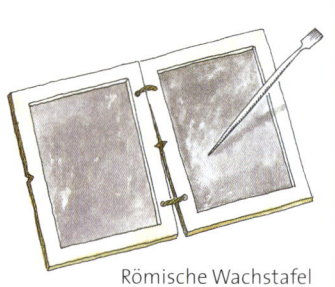

Während die Chinesen Seide als Schreibgrund benutzten, behalfen sich andere Völker mit Rindenstückchen oder Steinplatten, Wachs- und Tontafeln, Papyrus, Pergament und Tapa.

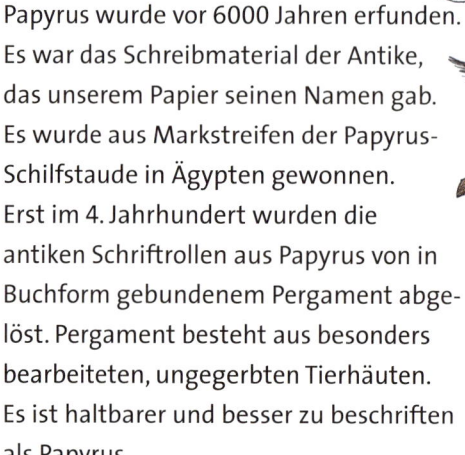

Papyrus wurde vor 6000 Jahren erfunden. Es war das Schreibmaterial der Antike, das unserem Papier seinen Namen gab. Es wurde aus Markstreifen der Papyrus-Schilfstaude in Ägypten gewonnen. Erst im 4. Jahrhundert wurden die antiken Schriftrollen aus Papyrus von in Buchform gebundenem Pergament abgelöst. Pergament besteht aus besonders bearbeiteten, ungegerbten Tierhäuten. Es ist haltbarer und besser zu beschriften als Papyrus.

Tapa ist ein papierähnliches Material. Es wird aus dem Rindenbast des Papiermaulbeerbaums, des Brotfruchtbaums, des Feigenbaums und anderer Bäume hergestellt und heute noch von Naturvölkern verwendet.

Die Kenntnis der Papierherstellung gelangte von China nach Korea, und im 7. Jahrhundert soll sie ein buddhistischer Mönch nach Japan gebracht haben. Als Rohstoff diente dort die Rinde des Papiermaulbeerbaums. Es entwickelte sich eine hohe Papierkultur, zu der auch das Origami zählt. Diese japanische Papierfaltkunst ist die älteste bekannte Form, Papier auch als gestalterisches Ausdrucksmaterial zu verwenden.

Von ihren chinesischen Kriegsgefangenen erfuhren die Araber im 8. Jahrhundert das „Geheimnis der weißen Kunst". Sie verbreiteten es im Laufe der nächsten vier Jahrhunderte im gesamten islamischen Raum, über Nordafrika bis nach Spanien. Dort entstand im 12. Jahrhundert die erste Papierwerkstatt Europas.

In Deutschland wurde 1390 vor den Toren Nürnbergs die erste Papiermühle in Betrieb genommen. Papier zählte damals immer noch zu den Luxusgütern.

Geschichte

Erst durch die Erfindung des Buchdrucks, Mitte des 15. Jahrhunderts, erlebte das Papier eine größere Nachfrage und löste schließlich im 16. Jahrhundert das Pergament ab. So hielt das Papier Einzug in die Kanzleien und Verwaltungen, in die Handelskontore und Gelehrtenstuben.

Bis ins 19. Jahrhundert bestand das Material, aus dem in Europa das Papier gefertigt wurde, fast ausschließlich aus textilem Rohstoff wie Lumpen oder Hadern. Dieses wurde bei der ständig steigenden Papierproduktion immer knapper. Deshalb suchte man nach neuen Rohstoffen.

Der französische Naturforscher A. F. Réaumur machte eine für die zukünftige Herstellung von Papier aufregende Entdeckung. Er beobachtete, dass die Wespen zum Nestbau Holz fein zerraspeln und mit einem klebrigen Sekret binden. Er verwies auf die Möglichkeit, auf ähnliche Weise Papier herzustellen.

Als schließlich 1843 der Sachse Friedrich Gottlob Keller den Holzschliff erfand, bei dem mithilfe eines Schleifsteins und Wasser Holz zerfasert werden konnte, war Holz als neuer Rohstoff für das Papier gefunden. Um hochwertiges Papier herstellen zu können mussten aber weiterhin Lumpen beigemischt werden. Erst durch die Erfindung und Beimengung von Zellstoff konnte man immer mehr auf textilen Rohstoff verzichten. Zur Gewinnung von Zellstoff werden Holz, Stroh und Espartogras auf chemischem Weg in Zellulosefasern zerlegt. Für unsere heutigen Papiere werden Holzschliff, Zellstoff, Altpapier und auch noch Lumpen verwendet und mit Leim-, Füll- und Farbstoffen ergänzt.

Aus der handwerklichen Manufaktur sind längst Papierfabriken geworden mit riesigen Maschinen, bei denen der Papierbrei nicht mehr aus einer Bütte geschöpft wird, sondern auf ein bis zu 100 Meter langes, sogenanntes „Langsieb" fließt. Die feuchte Papierbahn wird am Ende des Siebes um dampfbeheizte Trockenzylinder geleitet und kann gleich trocken aufgerollt werden. 2000 m² Papier können so in der Minute produziert werden! Der Papierbedarf und die Papierproduktion steigen ständig. Trotz des Anteils von über 40 % Altpapier ist der Verbrauch an Rohstoffen, Energie und Wasser sehr hoch. Die ökologischen Belastungen, die durch die Papierindustrie entstehen, fordern beim verschwenderischen Umgang mit Papier ein Umdenken. Recycling heißt die Devise! Denn Papier ist kostbar.

Keilschrift

A. F. Réaumur (Französischer Naturforscher)

Papierstreifen

Nur ein Stück Papier

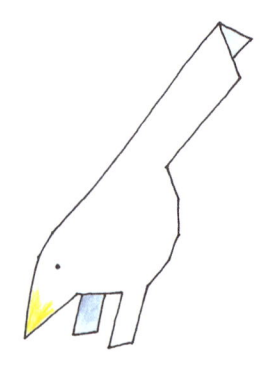

Durch Einschneiden, Rollen, Wellen oder Knicken verwandelt sich ein Papierstreifen in kleine Tiere: So entsteht ein Tausendfüßer mit „Fransenfüßen", eine Schlange mit „Ziehharmonika-Falten" oder eine kleine Schnecke. Der Papierigel kann, wenn er wellenförmig gebogen wird, überallhin krabbeln.

Wellen • Knicken

MATERIAL
Zeichenpapier
Schere
Kleber

1 Ein Blatt Papier in Streifen schneiden. Ein Ende bei Bedarf zu einem Schwanz zuspitzen.

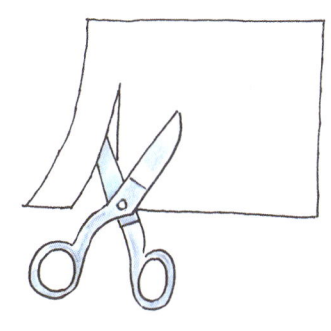

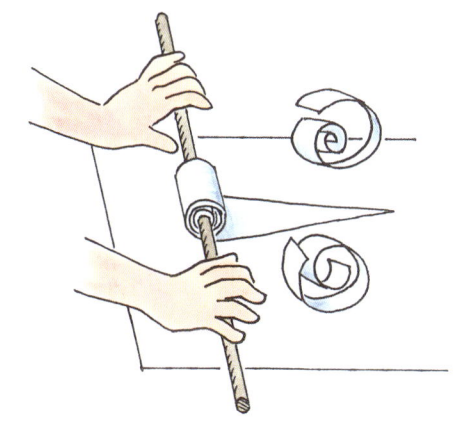

2 Den Papierstreifen auf einen Rundstab aufrollen. Daraus wird, mit eingeschnittenem Maul, eine Schlange oder, wenn man Fühler aufklebt, ein Schneckenhaus.

3 Für das Krokodil den Papierstreifen entsprechend zuschneiden, zur Ziehharmonika falten. Den Kopf aussparen und in das Maul Krokodilzähne schneiden.

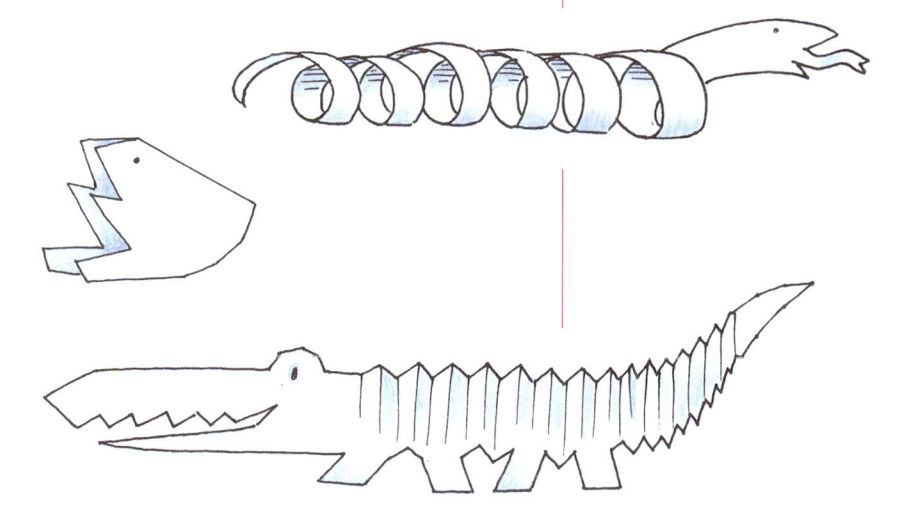

Papierstreifen

MATERIAL SONNE
gelbes Tonpapier
Nadel und Faden
Filzstifte
Kleber
Schere

Wenn die Sonne lacht

Beim Sommerfest lacht die Sonne nicht nur vom Himmel, sondern auch aus den Bäumen und Blumenstauden. Haus und Garten sind festlich mit Girlanden geschmückt.

1 Einen gelben Streifen Tonpapier zur Ziehharmonika falten.

2 Die Falten an einer Seite mit Nadel und Faden aufreihen. Dann den Faden zusammenziehen und die Papierenden für das Sonnenrad aufeinanderkleben.

3 Aus Tonpapier zwei Kreise ausschneiden, lachende Sonnengesichter aufmalen und vorn und hinten auf die Sonne kleben.

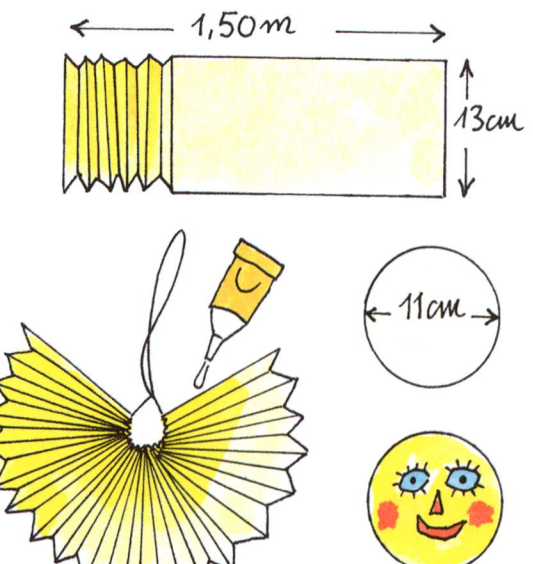

Falten

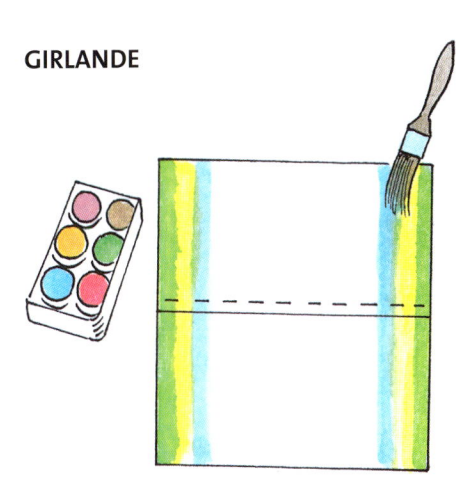

GIRLANDE

MATERIAL GIRLANDE
Schreibpapier
Deckfarben
dünne Schnur
Kleber

1 Einfaches Schreibpapier falten und an den Rändern bunt bemalen.

2 Das trockene Papier wie eine Ziehharmonika zusammenfalten.

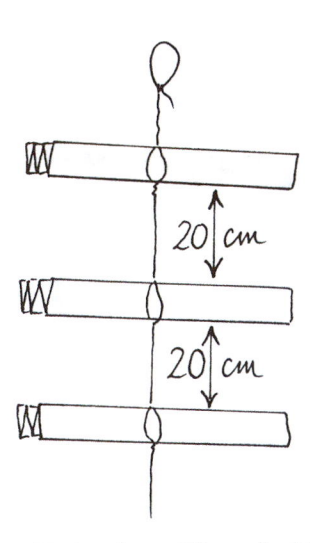

3 Im Abstand von 20 cm die Streifen auf eine Schnur knoten, dann die Streifen an den Enden aneinanderkleben.

4 Nach dem Trocknen des Klebstoffs die Streifen auseinanderziehen, sodass sie wie Schmetterlingsflügel aussehen.

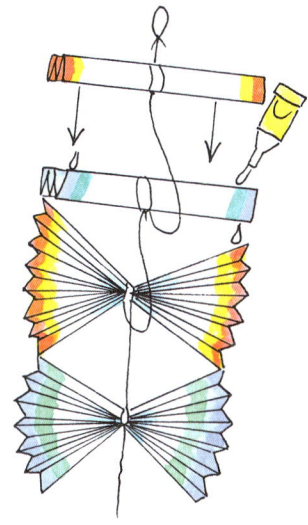

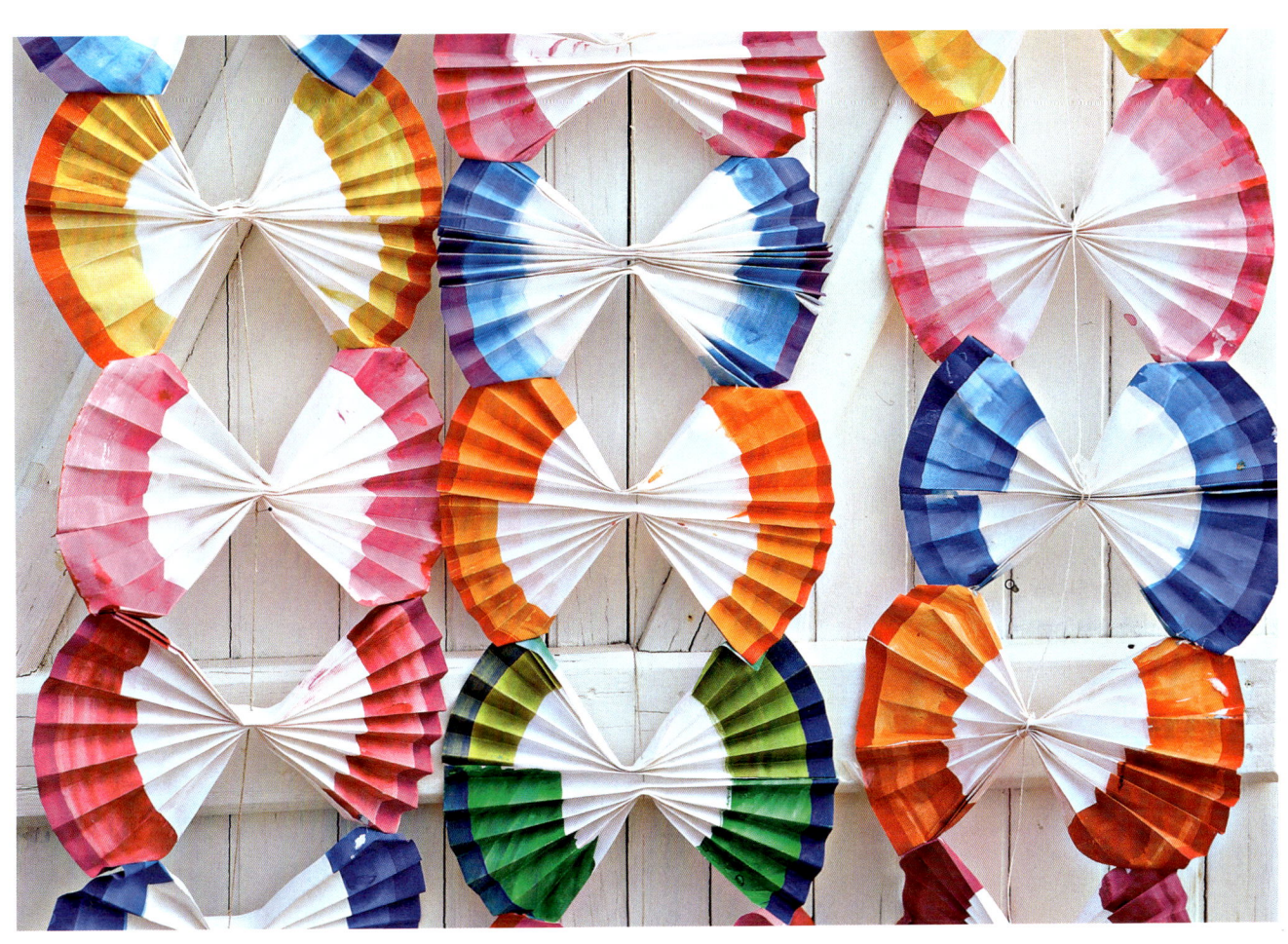

Papierstreifen

Alles aus Luftschlangen

In dieser Faschingssaison muss Ihre Lieblichkeit, die Faschingsprinzessin, nicht mehr zum Friseur – ihre bunten Locken bleiben immer so schön!

Entlang der Innenseite der Luftschlangenlocke wird eine gleichfarbige, gestreckte Luftschlange geklebt. So sind die Locken fixiert und dehnen sich nicht mehr aus. Für eine Perücke werden mehrere bunte Korkenzieherlocken zusammengefasst und mit einem Stück Tüll festgebunden. Über den Knoten wird ein Krönchen aus Goldpapier gestülpt und die Perücke mit Haarnadeln auf dem Haupt der Prinzessin befestigt.

Rollen • Formen

PERÜCKE

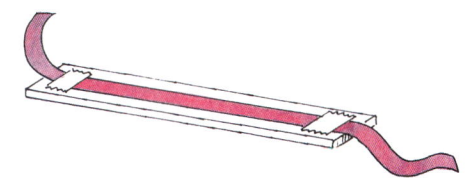

1 Die Luftschlange auf einer Leiste mit Klebefilm befestigen.

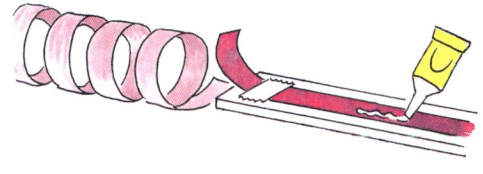

2 Die gespannte Luftschlange in der Mitte mit Kleber bestreichen.

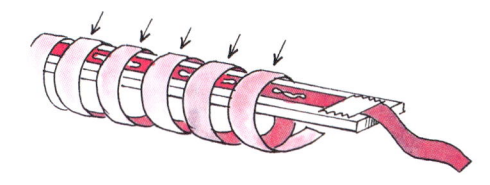

3 Die Leiste in eine Luftschlangenlocke schieben und mit den Fingerspitzen sorgfältig andrücken.

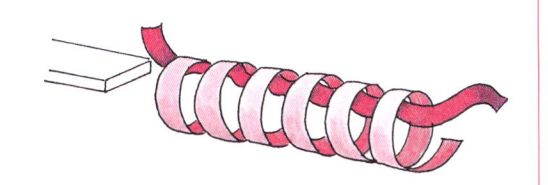

4 Zum Schluss den Klebefilm entfernen.

MATERIAL
Luftschlangen
Leiste
Kleber
Tüll
Metallfolienpapier

SPIELSACHEN

Die Spielsachen sind alle aus einer Luftschlange entstanden, die zu einer Scheibe aufgerollt wurde. Wenn man den Mittelpunkt hochdrückt, entstehen die vielfältigsten Formen.

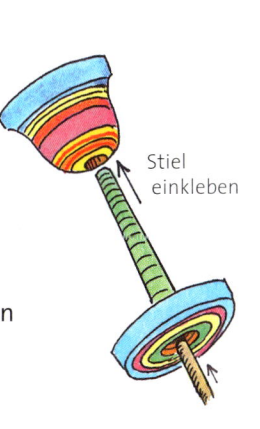

Stiel einkleben

MATERIAL
Luftschlangen
Kleber
Kochlöffel

SANDHORNGRAS

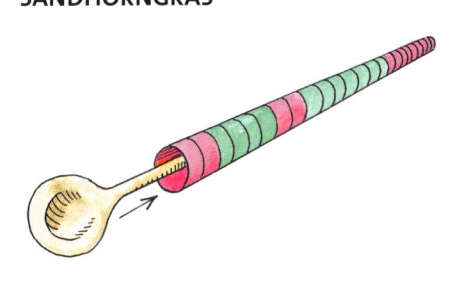

1 Die Luftschlange eng zu einer Scheibe wickeln. Mit dem Kochlöffel die Mitte eindrücken und das Gebilde vorsichtig in die gewünschte Länge ziehen. Ein transparenter Lacküberzug macht es stabiler.

2 Sand in einen Behälter füllen, Stöckchen hineinstecken und das Sandhorngras über die Stöckchen stülpen.

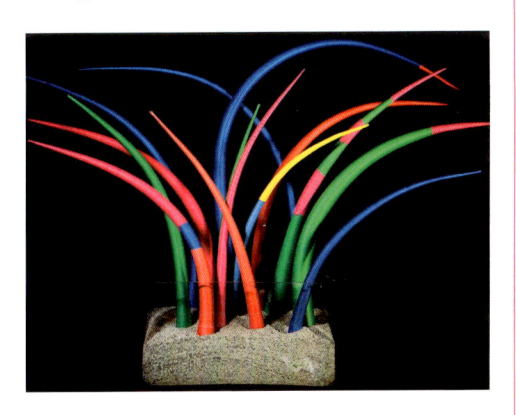

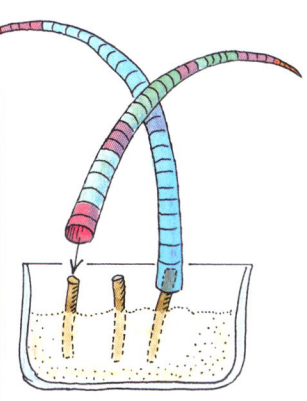

MATERIAL
Luftschlagen
Kochlöffel
Sand
Behälter
Stöckchen

13

Papierstreifen

MATERIAL
Wattebällchen
lackisolierter Kupferdraht
Stopfnadel
Zahnstocher

Perlen aus Papier

Rund oder länglich, knallbunt oder in dezenten Farben zieren die Papierperlen kleine und große Mädchen. Die runden Perlen sind Papierkugeln, die man zur Faschingszeit im Schreibwarenladen bekommt.

1 Für das mehrreihige Collier werden die Papierkugeln mit einer dicken Nadel auf dünnen Kupferdraht gezogen.

2 Der Abstand zwischen den Kugeln ist durch kleine Drahtschlaufen entstanden. Diese werden mithilfe eines Stäbchens gedreht.

Rollen • Auffädeln

3 Zum Abschluss die Drahtenden um die erste und letzte Kettenperle schlingen, verwinden und das piksende Ende in das Loch der Randperle stecken. Vor dem Auffädeln können die Wattebällchen mit Sprühfarbe noch einzeln eingefärbt werden. Mit einem Schaschlikstäbchen werden sie dabei gehalten.

ARMBAND
Als Material kann man selbst gefärbtes, uni oder bunt bedrucktes Papier nehmen, Katalog- oder Illustriertenblätter, Kunst- oder Kalenderblätter, Geschenk- oder Schmuckpapier.

MATERIAL
buntes Papier
Zahnstocher
kräftiger Faden
Stopfnadel
Schere
Kleber
Klarlack

1 Für die spindelförmigen Perlen gleiche Dreiecke schneiden. Die Form des Dreiecks bestimmt die Form der Perlen. Am breiten Ende beginnend, das Papier straff über ein rundes Hölzchen rollen und das Ende mit Kleber befestigen.

2 Hölzchen herausziehen und Perlen mit Klarlack stabilisieren.

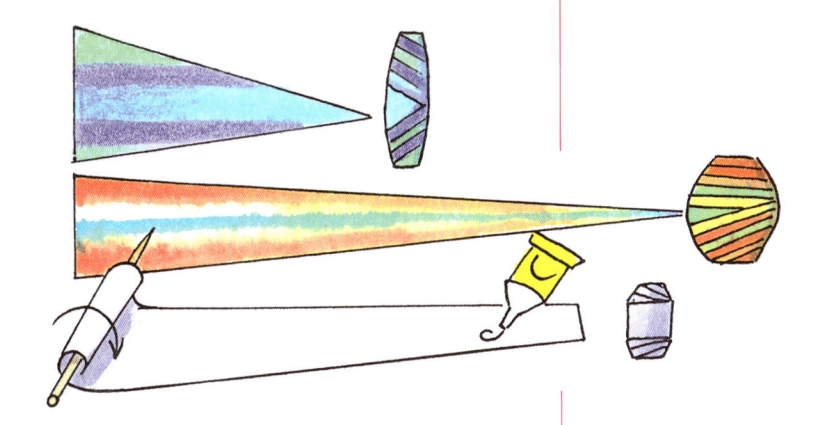

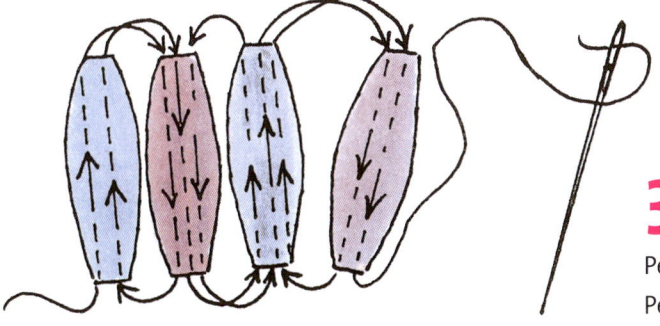

3 Zum Auffädeln mit der Nadel nach jeder zweiten Perle zurück in die vorherige Perle stechen.

Papierstreifen

Der große Drache

Vier Meter lang ist der Drache und lauert mit glühendem Blick und spitzem Zahn im schattigen Farn. Er erschreckt die Jäger, die einer Papierschnitzelspur gefolgt sind und nun vor ihm stehen.

MATERIAL
große Zeichenkartonbögen
Kleber
Holzbeize
Schere

TIPP
Den Körper mit Längsstreifen in Regenbogenfarben bemalen und anschließend mit dunkler Farbe beklecksen und sprenkeln. Für die Bemalung eignet sich am besten flüssige Holzbeize, die mit einem breiten Pinsel aufgetragen wird.

DRACHENKÖRPER

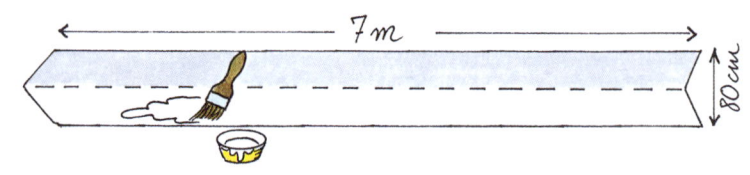

1 Für zwei Streifen mehrere Kartonbögen so zusammenkleben, dass sie je einen Streifen von 7 m Länge und 80 cm Breite ergeben. Jeden Streifen auf einer Seite bemalen, nach dem Trocknen der Länge nach falten und zusammenkleben.

Falten

2 Jeweils ein Ende als Schwanz spitz zuschneiden.

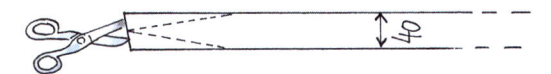

3 Nun eine „Hexentreppe" falten. Dabei immer den unteren Streifen über den oberen legen. Den oberen mit Kleber fixieren.

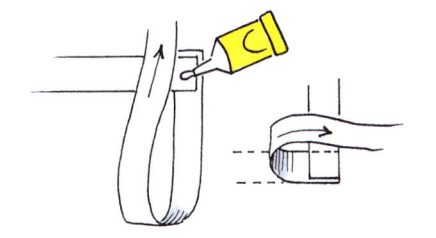

4 Zum Schluss noch das Schwanzende zusammenkleben.

DRACHENKOPF

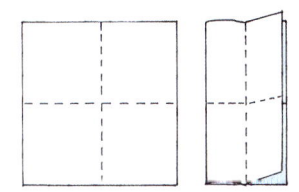

1 Ein Kartonquadrat von 160 x 160 cm quer und längs falten, einmal zusammenlegen. Die Seitenkanten zur Mittellinie knicken.

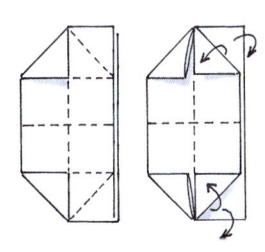

2 Alle Ecken nach innen schlagen. Die äußeren Ecken der hinteren Hälfte nach hinten umbiegen.

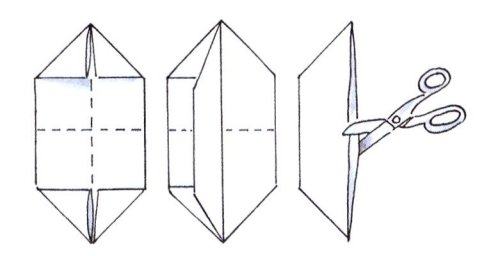

3 Die Seiten zum Mittelbruch umschlagen und an der Mittellinie etwa 5 cm tief einschneiden.

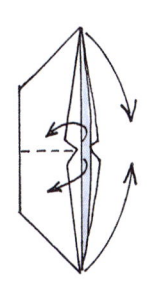

4 Den Rand (die Lippen) nach außen falten und dann das Maul auseinanderziehen.

5 Zum Schluss eine rote Zunge und ein Gaumenzäpfchen aus Karton zuschneiden, bemalen und ins Drachenmaul kleben. Mit einem Schnurzug lässt sich das Maul öffnen.

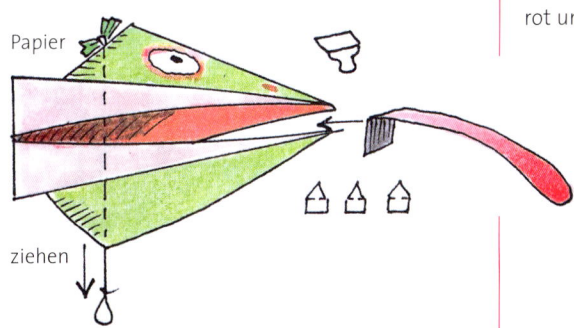

MATERIAL
große Zeichenkartonbögen
Kleber
Holzbeize
Schnur
Schere

TIPP
Der Kopf wird erst nach dem Falten angemalt – außen grün und im Maul rot. Die Zunge ist leuchtend rot und das Zäpfchen pink.

Papierstreifen

**MATERIAL
BLUMENKÖRBCHEN**
Packpapier
Bleistift
Lineal
Schere

Geflochtene Osterkörbchen

Die einfachste Art des Papierflechtens geht so: Einzelne Streifen werden quer durch die Schlitze eines Papiers gezogen. Besonders schön wird dies, wenn die Streifen aus bunten Papieren geschnitten werden, zum Beispiel Glanz- oder Geschenkpapier, aus funkelndem Folienpapier, Ton- oder Illustriertenpapier oder aus bemalten Bunt- oder Packpapieren.

Flechten

BLUMENKÖRBCHEN

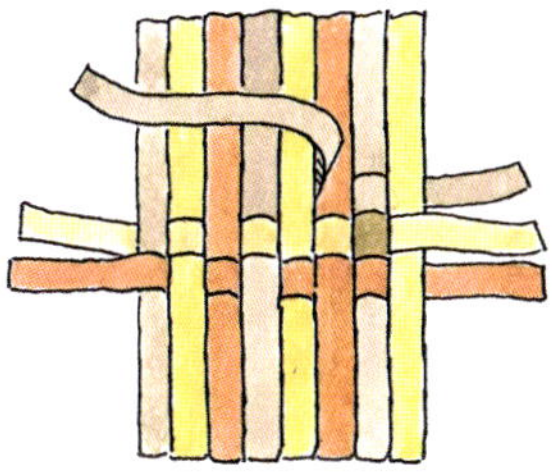

1 Aus Packpapier 40 cm lange und 3 cm breite Streifen schneiden. Der Länge nach zusammenfalten.

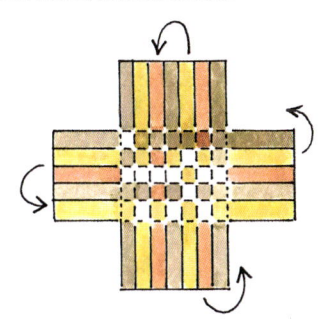

2 Mehrere Streifen locker nebeneinanderlegen. In der Mitte entsteht dann durch das Einflechten und Zusammenschieben der Streifen ein dicht geflochtenes Rechteck.

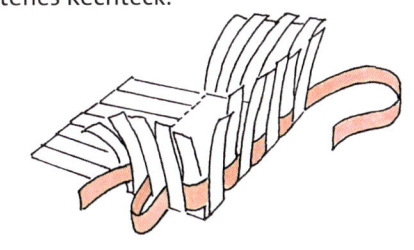

3 Ist die gewünschte Größe für den Boden des Körbchens erreicht, die überstehenden Streifen nach oben knicken.

4 Nun mit langen Flechtstreifen rundum flechten. Dabei klebt man die Enden nach jeder Runde einfach übereinander.

5 Als Abschlusskanten faltet man aus den hochstehenden Streifen Zacken, die umgebogen und in die Innenseite eingeflochten werden.

EIERKÖRBCHEN

1 Aus Zeichenpapier 4 cm breite Streifen schneiden, in der Mitte falten und die Seiten zur Mittellinie falten.

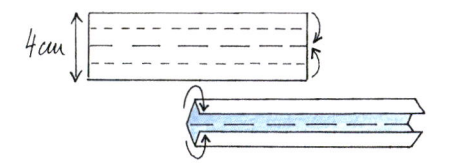

2 Zwei ovale Scheiben ausschneiden, die Papierstreifen wie Sonnenstrahlen dazwischenkleben und nach oben knicken.

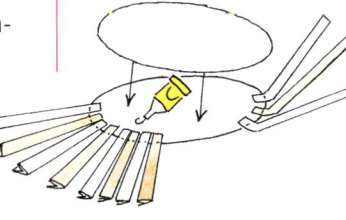

3 Mit langen Streifen rundherum flechten.

4 Zum Schluss alle Streifenenden gleich hoch abschneiden. Rundum außen einen Randstreifen aufkleben, der zur Hälfte übersteht.

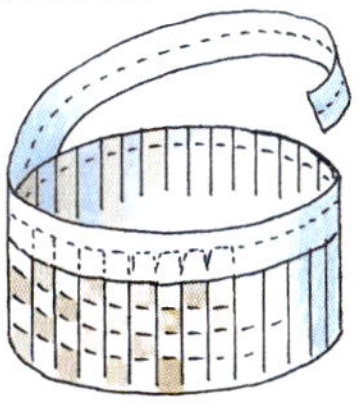

5 Überstand mehrmals einschneiden, sodass er nach innen geknickt und festgeklebt werden kann.

MATERIAL EIERKÖRBCHEN
Zeichenpapier
Kleber
Bleistift
Lineal
Schere

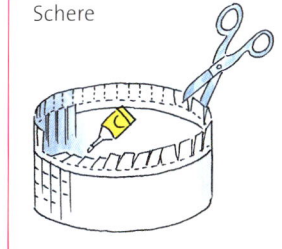

Papierstreifen

MATERIAL
Zeichenpapier oder beidseitig beschichtetes Folienpapier
Schere

TIPP
Die Streifen können verschiedene Farben haben, doch ihre Breite muss exakt dieselbe sein.

Ein Star unter den Sternen

Der geflochtene Stern ist ein Klassiker unter den Weihnachtssternen und wird nach seinem Entdecker auch „Fröbel-Stern" genannt. Friedrich Fröbel wirkte als Pädagoge in der ersten Hälfte des 19. Jahrhunderts.

Für einen Stern werden vier Streifen benötigt. Ihre Länge und Breite richtet sich nach der Größe des Sterns: Für einen ca. 4 cm großen sollten sie 50 cm lang und 2 cm breit sein; ein Stern von 6 cm Größe wird aus 70 cm langen, 3 cm breiten Streifen geflochten.

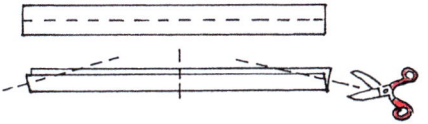

Flechten

1 Jeden Streifen der Länge nach zusammenfalten. Die Enden zu stumpfen Spitzen zuschneiden. Streifen in der Mitte zusammenfalten.

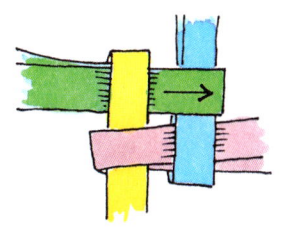

2 Vier Streifen zusammenlegen und zusammenstecken, die Falzkanten zeigen jeweils nach innen.

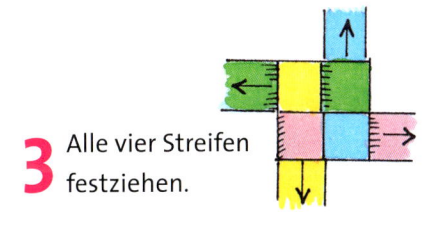

3 Alle vier Streifen festziehen.

4 Die oben aufliegenden Streifen der Reihe nach falten.

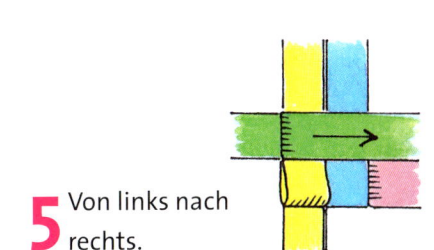

5 Von links nach rechts.

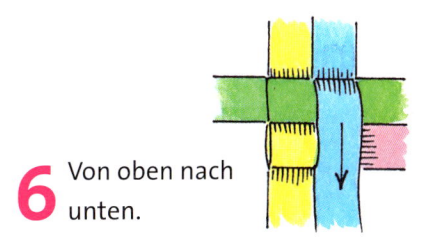

6 Von oben nach unten.

7 Von rechts nach links.

8 Streifen A nach hinten umschlagen und nach oben falten.

9 Streifen so zurückschlagen, dass ein gleichschenkliges Dreieck entsteht.

10 Zur Mitte falten.

11 Zacke leicht nach hinten biegen und das Streifenende A durch das Flechtquadrat schieben. Schritte 8 – 11 bei Streifen B, C und D wiederholen.

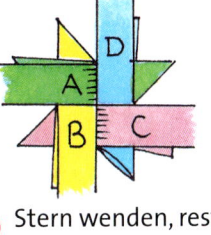

12 Stern wenden, restliche Streifen zu Zacken falten.

13 A nach hinten umschlagen und unter B schieben, bis die Spitze aus der Zacke austritt.

14 Festziehen, bis eine Spritztüte entsteht. Überstand abschneiden.

15 B nach hinten umschlagen und dann unter C-Streifen schieben usw.

16 Stern wenden, nochmals vier Spitztüten drehen und die Streifenenden zu den Seitenzacken durchschieben.

17 Die Überstände abschneiden.

Papierstreifen

MATERIAL
dünner Zeichenkarton
Lineal
Bleistift
Winkel
Schere
Kleber

Kugelturm

Klack, klack, klack – gleichmäßig klackern die Kugeln den Turm hinunter. Jedes Mal, wenn sie in eine neue Laufschiene fallen, gibt es dieses Geräusch.

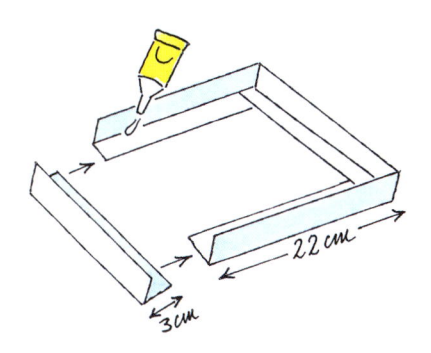

Konstruieren

1 Das Turmgerüst besteht aus einzelnen Würfelelementen mit den Maßen 22 x 22 cm. Diese werden aus Winkelschienen zusammengeklebt. Dazu 3 cm breite Kartonstreifen der Länge nach anritzen, knicken und zu einem Viereck kleben.

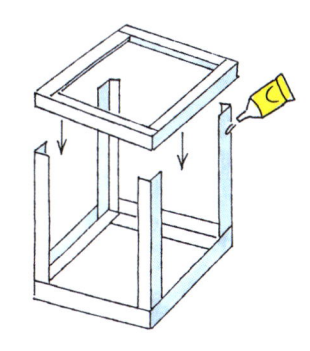

2 An allen vier Ecken Pfeiler einkleben und zum Schluss ein zusammengeklebtes Viereck aufsetzen. Dies so oft wiederholen, bis der Turm die gewünschte Höhe hat.

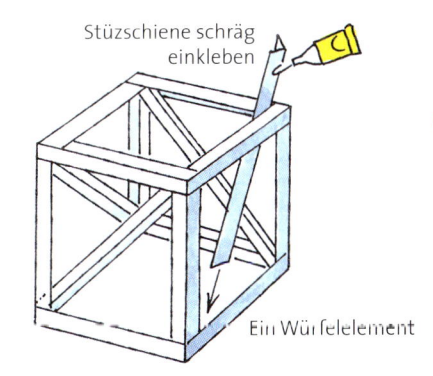

3 Um das Gerüst zu stabilisieren, an jeder Ecke von oben nach schräg unten eine ca. 30 cm lange Stützschiene kleben.

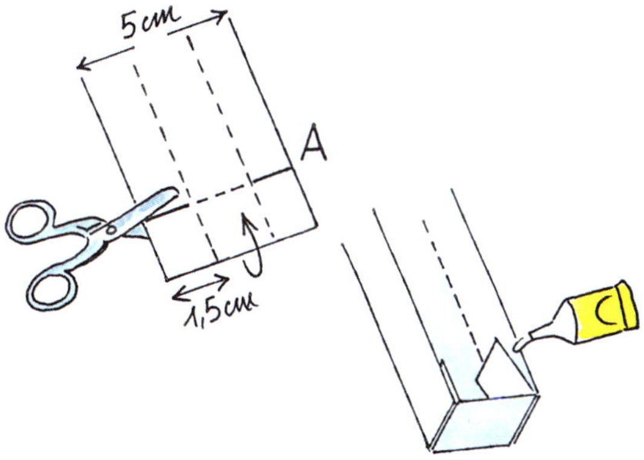

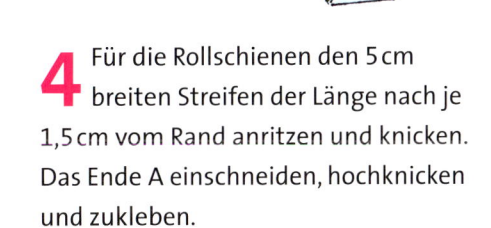

4 Für die Rollschienen den 5 cm breiten Streifen der Länge nach je 1,5 cm vom Rand anritzen und knicken. Das Ende A einschneiden, hochknicken und zukleben.

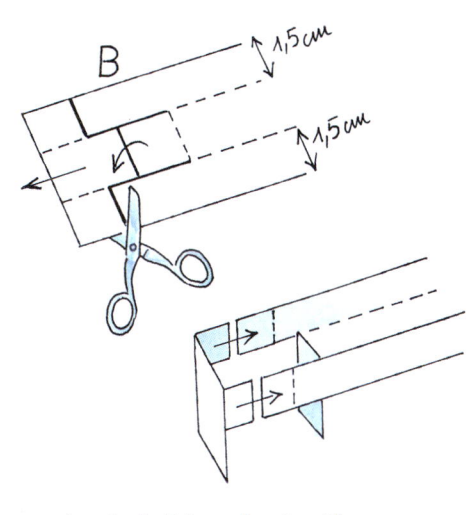

5 Am Ende B jeweils eine Klappe fertigen, die sich nach unten öffnet.

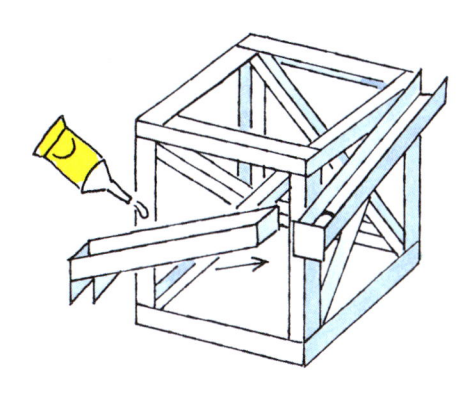

6 Außen an den Turm mit leichtem Gefälle die Rollschienen ankleben, und zwar so, dass immer die obere Schiene auf der unteren aufliegt und die Kugel durch das Loch in die darunterliegende Schiene fallen kann.

Winkelschiene

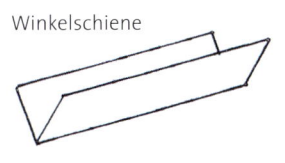

Rollschiene

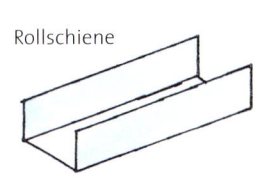

TIPP
Jede Rollschiene ist 30 cm lang und muss an der geknickten Seitenwand ein paar Millimeter höher sein als die Kugel.

Papierrollen

Achterbahn mit Looping

Wer stürzt sich kopfüber ins schnelle Vergnügen?
Einsteigen – die rasante Fahrt auf der Loopingbahn beginnt!

MATERIAL
Illustriertenpapier
Kartondeckel
festes Zeichenpapier
Kleber
Schere

Vom Turm aus, der höchsten Stelle des Papiergerüstes, führen zwei Rollspuren abwärts: Eine ist schnell, die andere langsam. Bei der schnellen Spur fällt die Kugel aus einer steilen Rinne in eine Loopingrolle. Mit hoher Geschwindigkeit wird sie von dort aus in das nachfolgende Schienenstück geschleudert. In Kurven, Wellen oder flachen Geraden geht es dann weiter.

Die langsame Spur schlängelt sich in flachen Windungen kreuz und quer durch das Papiergestänge nach unten. Wie der Beginn liegt auch das Ende der beiden Spuren nebeneinander.

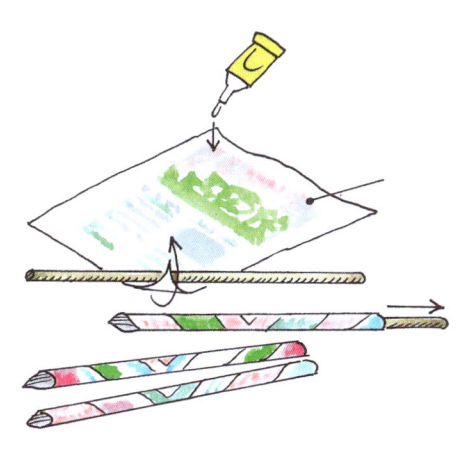

Konstruieren

1 Das Gerüst der Achterbahn besteht aus gerollten Papierstäben, die so hergestellt werden: Illustriertenpapier über ein Rundholz aufwickeln und das Ende festkleben. Danach das Rundholz wieder herausziehen.

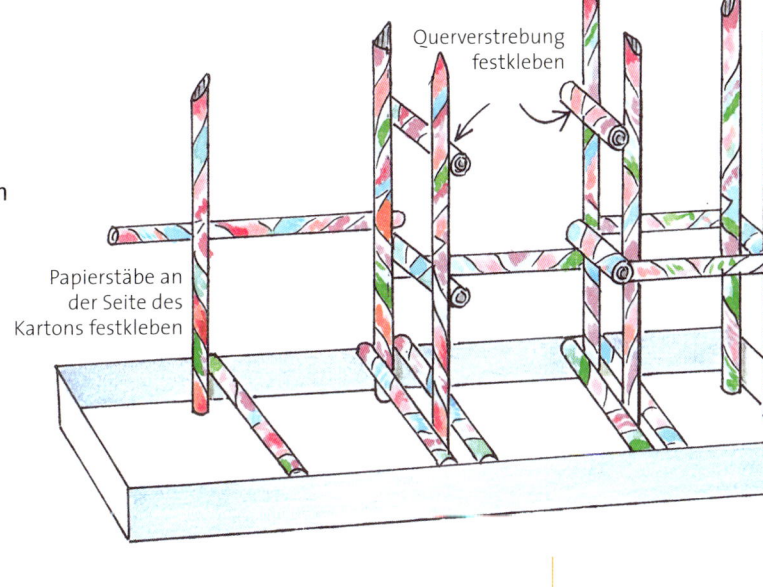

So wird ein Papierstab verlängert: einfach hineinstecken und festkleben

Querverstrebung festkleben

Papierstäbe an der Seite des Kartons festkleben

2 Die Papierstäbe werden zusammengesteckt und -geklebt und auf einem Kartondeckel befestigt. An diese Papierrollen werden die kurvigen und geraden Schienen geklebt.

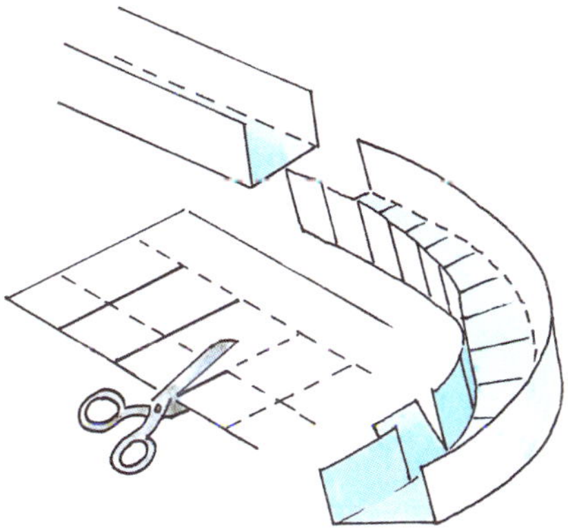

3 Für die Schienen werden Papierstreifen u-förmig geknickt. Bei Kurvenschienen wird der Streifen rechts oder links, der Kurve entsprechend, eingeschnitten, zum Kurvenbogen zusammengeschoben und festgeklebt.

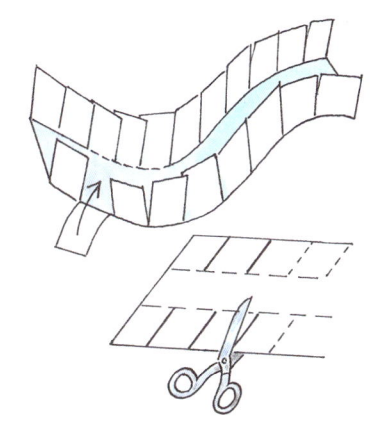

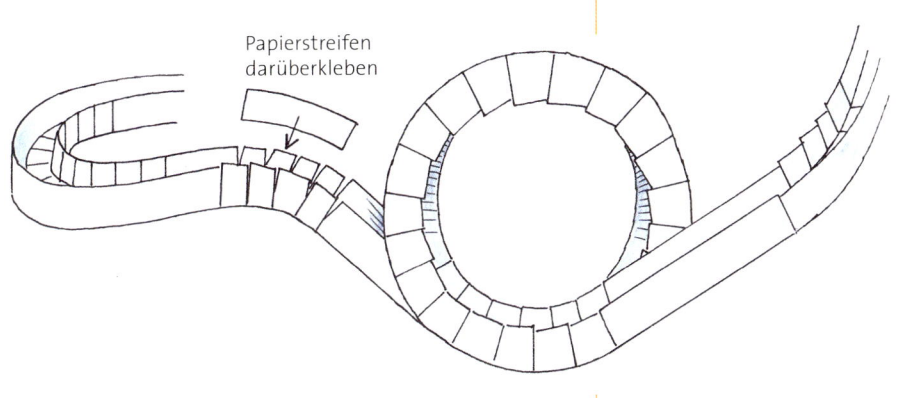

Papierstreifen darüberkleben

4 Soll die Schiene eine Welle oder eine Loopingschlaufe bilden, werden beide Seiten eingeschnitten.

Papierrollen

Bei den Pfahlbauern

Es gab sie wirklich, die Pfahlbauten in Europa. Überreste fand man in der Schweiz, Norditalien, den Ostalpen und am Bodensee.

Als Schutz vor Feinden und wilden Tieren haben die Menschen damals ihre Häuser auf Pfählen in Ufernähe errichtet. In Extra-Stallgebäuden lebten dort auch ihre Tiere. Die Pfahlbauern ernährten sich von Fischen oder von Wild. Am Ufer bauten sie Getreide an. Dicke Baumstämme, mit Feuer ausgebrannt, waren ihre Boote.

MATERIAL
Styroporplatten
Grundplatte
Spachtelmasse
Dispersionsfarbe
Zeitungspapier
Karton
dünne Rundhölzer
Kleber
trockenes Gras
Holzleim
Schere
Schabewerkzeug

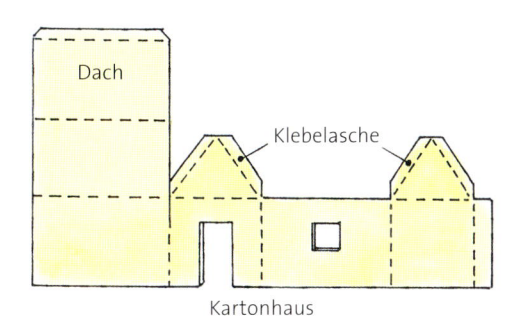

Konstruieren

1 Aus Karton das Pfahlbauhaus des Siedlungsmodells zuschneiden. Fenster und Tür herausschneiden. Innerhalb der Ränder den Karton für die Klebelaschen anritzen und umbiegen.

2 Für die Wände und den Steg Papierrollen herstellen. Dafür je ein Blatt Zeitungspapier über ein Rundholz aufrollen und das Ende festkleben. Mit Dispersionsfarbe bemalen.

TIPP
Die Bewohner des Pfahlbaudorfes entstehen aus Papierröllchen. Diese werden aneinandergeklebt, mit Kleisterpapierstreifen Körper geformt und dann mit Dispersionsfarbe bemalt.

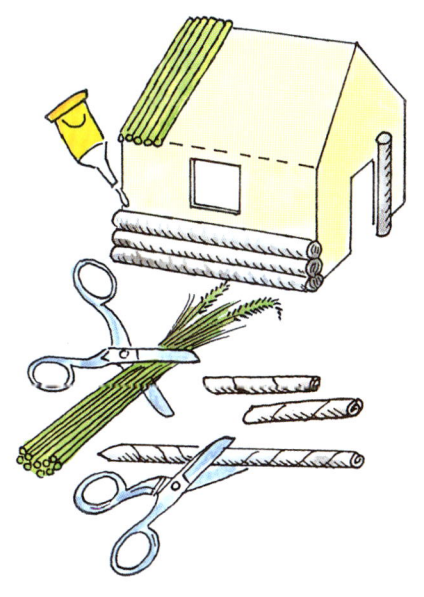

3 Das Haus aufstellen, die Wände mit den Papierrollen und das Dach mit trockenem Gras bekleben.

4 Die hohlen Papierrollen für die Pfähle über hölzerne Spießchen stülpen und in den Styroporgrund stecken. Den Steg dicht mit den Rollen bekleben.

5 Für den Untergrund bzw. das Gelände Styroporplatten mit Ponal bestreichen und auf einen festen Karton oder eine dünne Spanplatte kleben. Ist der Kleber getrocknet, kratzt man mit Messer und Löffel den See und den Fluss aus. Zusätzlich aufgeklebte Styroporstücke ergeben Hügel. Die angerührte Spachtelmasse wird mit Dispersionsfarbe eingefärbt und die fertige Landschaft damit entsprechend überzogen.

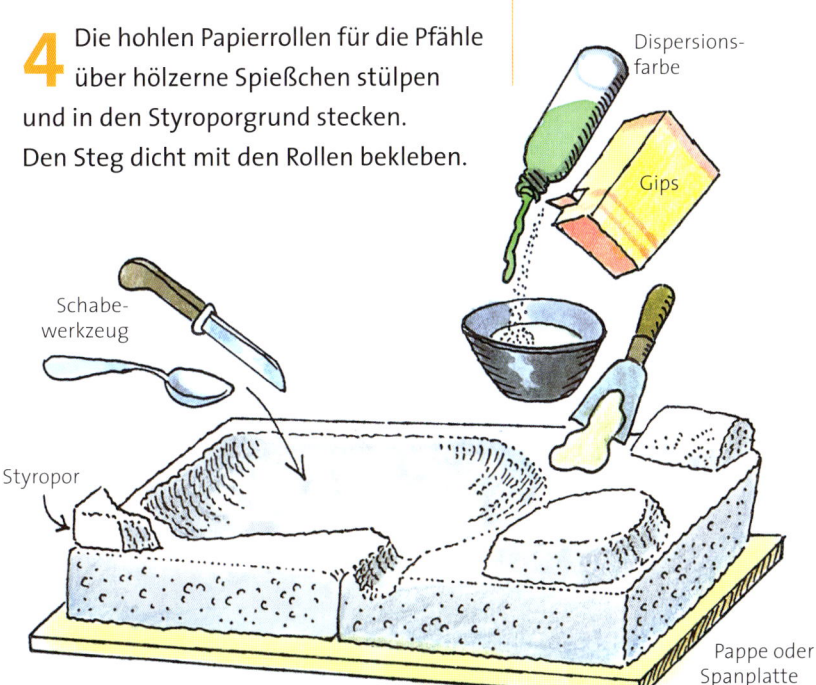

Papierrollen

Grüße vom Oktoberfest

Der Duft von gebrannten Mandeln, Drehorgelmusik, Geisterbahnheulen und himmelhoch schaukeln – das ist Oktoberfest! Treten Sie näher, meine Herrschaften, in eine kleine Welt der Kinderträume!

MATERIAL SCHIFFCHEN
Tonpapier DIN A4
dünner Zeichenkarton

SCHAUKELSCHIFFCHEN

1 Aus Tonpapierbögen werden die Schaukelschiffchen gefaltet. Den Papierbogen zuerst in der Mitte zusammenfalten.

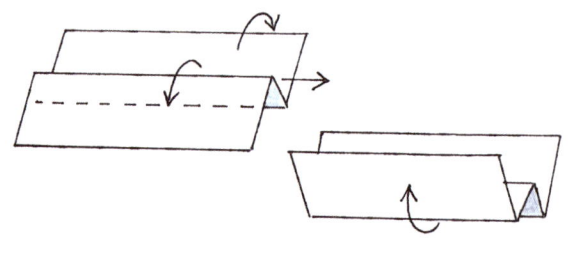

2 Das Papier dann an beiden Seiten 2 Fingerbreit nach außen falten. Danach die Enden wieder nach oben knicken.

Konstruieren

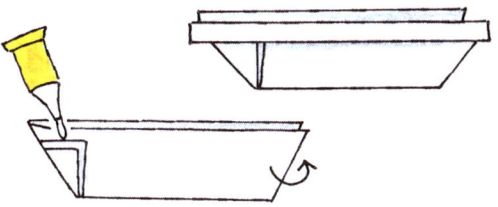

3 Nun die Ecken jeweils auf die Seite und den Rand nach unten falten.

4 Jetzt das Boot auseinanderziehen.

5 Die Aufhängebügel schneidet man aus Tonpapier aus und falzt sie der Länge nach, dadurch werden sie stabil. Das untere Ende wird beim Ankleben wieder glatt gedrückt. Ein doppelt geschnittenes und über die Schaukelstange geklebtes Papier hält die Bügel auseinander.

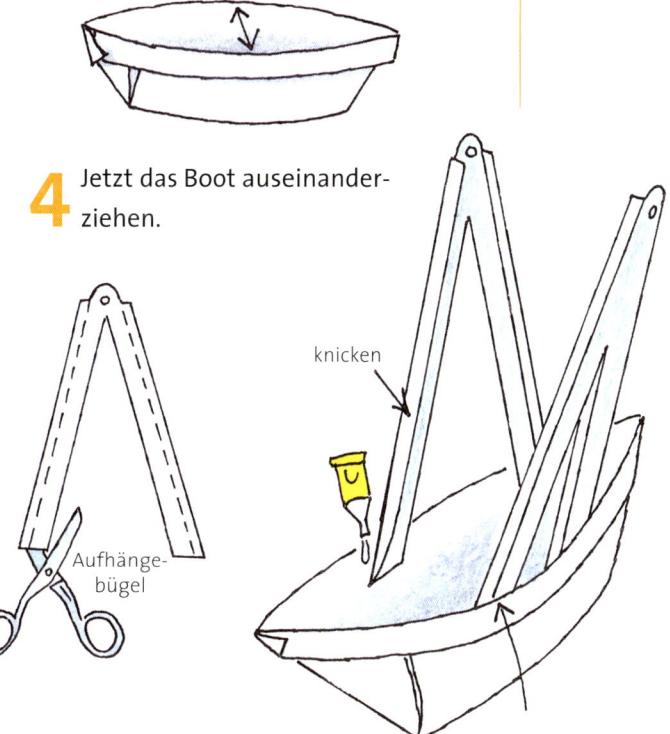

knicken

Aufhängebügel

GERÜST

1 Das Gerüst der Schiffschaukel wird auf einen Kartongrund geklebt. Es besteht aus Papierröhren, die mit Dispersionsfarbe bemalt werden.

2 Mit Ecken aus Tonpapier wird das Gestell zusammengeklebt. Ein Schaschlikstab ist die Schaukelstange; sie wird durch die Stützen und auch durch die Aufhängebügel der Schaukeln geschoben und mit Wattebällchen an beiden Seiten festgehalten.

Watteball

MATERIAL GERÜST
Zeitungspapier
dünner Rundstab
Dispersionsfarbe
Kartondeckel
Tonpapier
Wattebälle
dünne Kartonstreifen
Zahnstocher
Kleber

Wellpappe

MATERIAL
Schachtel
Dispersionsfarbe
Buntpapier
Seidenpapier
Streichholzschachteln
Zahnstocher
Wattebälle
Alufolie
Perlen

Jahrmarktsbuden

Auf dem Oktoberfest und anderen Jahrmärkten gibt es natürlich auch Buden mit allerlei Leckereien: Zuckerwatte, Bonbons, Lebkuchenherzen und kandierte Äpfel. Bei der Schießbude kann man sein Geschick ausprobieren und versuchen, die schönen Blumen zu treffen.

1 Die kleinen Buden werden aus Schachteln geschnitten und zusammengeklebt. Den unteren Teil des Schachteldeckels anritzen und nach hinten falten.

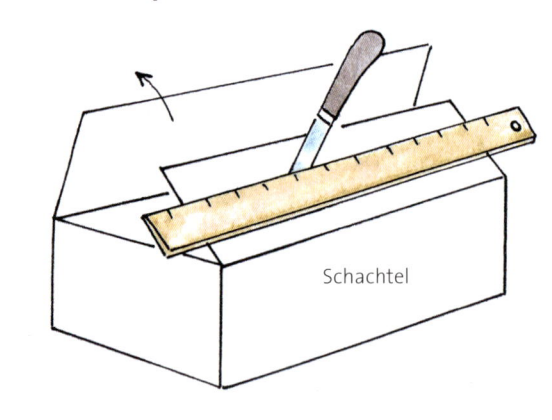

Schachtel

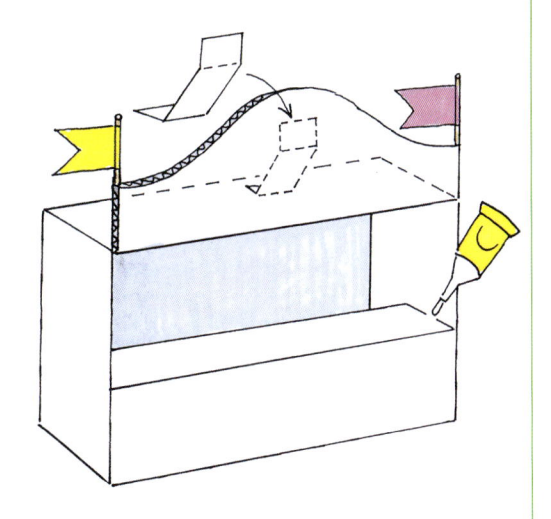

Konstruieren

2 Den anderen Teil des Schachteldeckels nach oben falten, zurechtschneiden und mit einer angeklebten Stütze fixieren. Als Verzierung Fähnchen ankleben.

3 Die Bude nun mit Plaka- oder Dispersionsfarbe weiß grundieren und mit Deckfarben bemalen.

Kugeln aus Alufolie

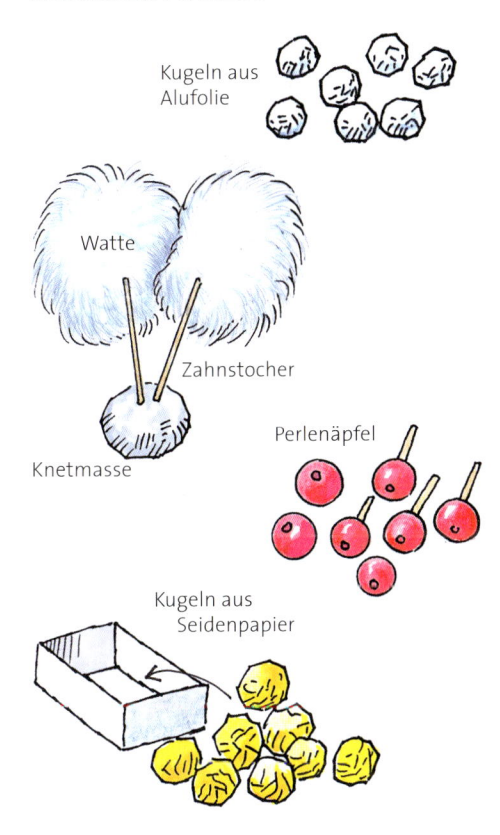

Watte

Zahnstocher

Knetmasse

Perlenäpfel

Kugeln aus Seidenpapier

4 Aus Seidenpapier und Perlen werden Süßigkeiten gebastelt. Für die Zuckerwatte einfach Watte auf einen Zahnstocher kleben und diesen in Knetmasse stecken. Die Bonbons sind Kugeln aus Seidenpapier in einer Streichholzschachtel. Die kandierten Äpfel sind auf kleine Stäbchen gesteckte Perlen. Lebkuchenherzen werden aus Buntpapier ausgeschnitten.

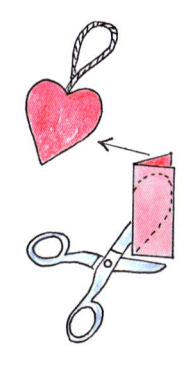

5 Für die Schießbude werden die Blumen aus Seidenpapier gedreht oder aus Buntpapier ausgeschnitten. Dann werden sie auf Papierrollen gesteckt.

Seidenpapier

Papierrolle

Wellpappe

Der bunte Hund

Vor dem Obstladen trifft der bunte Hund einen schwarzen. Die Freude ist groß, denn sie kennen sich. Trotz des unterschiedlichen Aussehens sind beide von der gleichen Abstammung: nämlich Wellpappe und Kleisterpapier.

MATERIAL HUND
Wellpappe
Packband
Zeitungspapier
Kleister
Schere
Dispersionsfarbe

Körper

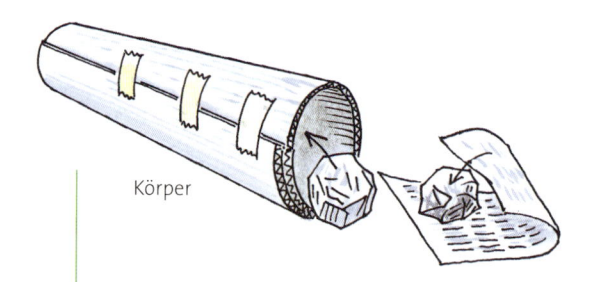

1 Aus Wellpappe werden hohle Röhren für den Körper, den Kopf und die Beine gerollt und mit Packband zusammengeklebt. Den Rumpf anschließend mit geknülltem Zeitungspapier füllen.

Formen

2 Einzelne Zeitungspapierstreifen werden mit Kleister bestrichen. Damit werden Kopf und Schwanz an den Körper geklebt. Beine vorher mit Packband an den Rumpf kleben. Für den Schwanz einen Papierstreifen einkleistern und spiralig verdrehen.

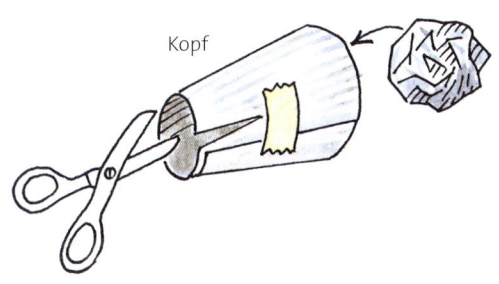

Kopf

3 Die Übergänge mit größeren Kleisterpapierstückchen kaschieren. Den seidigen Glanz des Hundefells erzielt man durch die Bemalung mit Dispersionsfarbe.

KUH

1 Kopf, Hörner, Euter und Schwanz der Kuh werden aus Kleisterpapier geformt. Als Körper dient eine große Papprohre, die mit geknüllter Zeitung verschlossen wird.

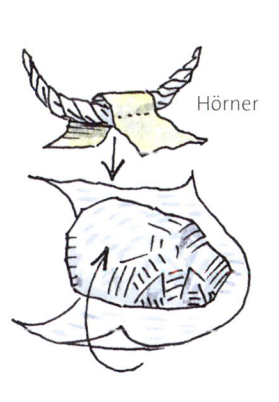

Hörner

2 Vier dünne Papprohren bilden die Beine. Sie werden oben abgeschrägt und dann mit Kleisterpapierstreifen an den Körper geklebt.

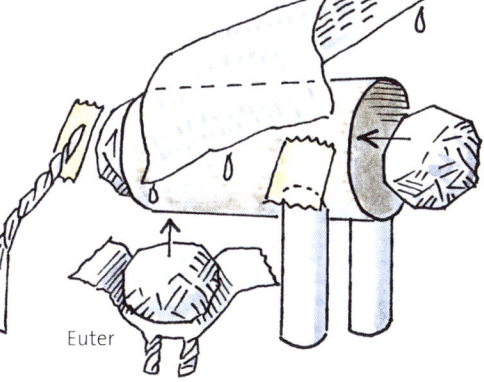

Euter

MATERIAL KUH
1 große Papprohre
4 dünne Papprohren
Zeitungspapier
Kleister
Dispersionsfarbe

3 Kopf, Hörner und die anderen Teile werden mit Kleisterpapier am Röhrenkörper befestigt. Zum Schluss wird die Kuh mit Dispersionsfarbe bemalt.

Wellpappe

Wenn der Frühling kommt

Dann beginnt es auf der Bank vor dem Haus und im kleinen Schrebergarten zu sprießen und zu blühen. Aus dünnem Seidenpapier werden die kleinen Blüten gedreht oder geknüllt. Der hübsche Garten wird in einem Kartondeckel angelegt mit Beeten aus Wellpappe, einer Papphöhre als Regentonne und einem Frühbeet aus einer kleinen Schachtel.

MATERIAL SCHREBERGARTEN
Schachteldeckel
Karton
Wellpappe
dünne Graupappe
Papprolle
Seidenpapier
kleine Zweige
Schaschlikspieße
Styroporplatte
Papiermesser
Schere
Nagel (oder Vorstecher)
Kleber
Zahnstocher

Die Blumenrabatte werden mit kugeligen Blüten gefüllt, die an langen, gewundenen Stängeln wachsen. Um die Bohnenstangen schlingen sich Ranken aus gedrehten Seidenpapierstreifen, von kleinen Blätterfetzchen umwunden.

Salatpflanze

Lauch

Fransen einschneiden

Konstruieren

MATERIAL HYAZINTHEN
Papprohre, Wellpappe
Seidenpapier
Tonpapier
Schere, Kleber

HYAZINTHEN

1. Für die Hyazinthenblüte winzige Papierkügelchen rund um eine grün angemalte Papprohre kleben.

2. Eine Öffnung der Rolle mit geknülltem Seidenpapier verstopfen und dicht mit Seidenpapierkügelchen bekleben.

3. Aus grünem, festem Tonpapier die Blätter ausschneiden, in der Mitte falzen und an den Röhrenstängel kleben.

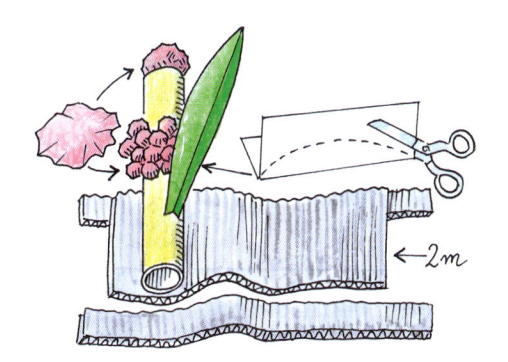

4. Als Blumentopf um den Stängel einen Streifen Wellpappe wickeln. Man kann auch einen Tontopf nehmen und ihn mit Sand, Steinchen oder geknülltem Papier füllen.

SCHREBERGARTEN

1. Eine zweite Pappe in der Größe des Kartondeckels zuschneiden und auf eine etwa 1 cm dicke Styroporplatte kleben. Styropor und Pappe in den Deckel setzen.

2. In den Untergrund Bäume, Sträucher und Bohnenstangen stecken. Die Löcher dafür mit einem Nagel (oder Vorstecher) einstechen.

3. Die Blumenrabatten mit kugeligen oder gedrehten Blüten aus Seidenpapier mit gewundenen Stängeln füllen.

4. Junge Salatpflanzen und zweifarbige Möhren drehen. Lauchstangen rollen und einschneiden.

5. Um die Bohnenstangen Ranken aus gedrehten Seidenpapierstreifen mit kleinen Blätterfetzen winden.

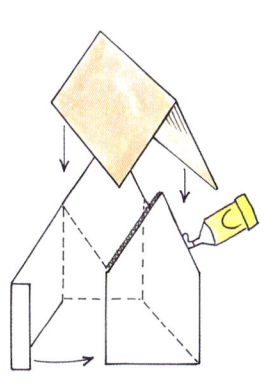

HAUS

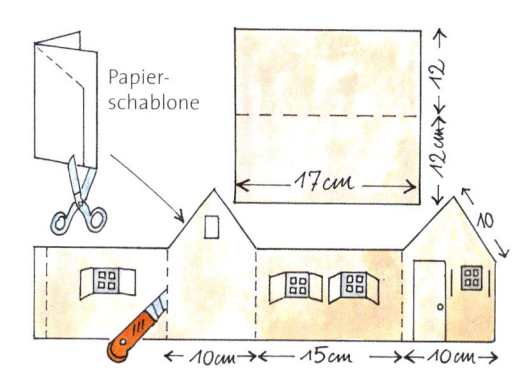

1. Aus Karton ein Rechteck für das Dach zuschneiden, in der Mitte falzen.

2. Das Haus mithilfe einer Papierschablone auf Karton aufzeichnen, ausschneiden und zusammenkleben. Wenn man die Bruchlinien der Hausecken etwas anritzt, kann man sie besser umknicken.

3. Hauskanten mit Kleber bestreichen und dann das Dach überstehend aufkleben.

Verpackungskarton

MATERIAL
Karton
Lebensmittelfarbe
Metallfolienpapier
Schere
spitzes Messer oder Cutter
Kleber
Zuckerguss

Knusper, knusper Knäuschen

*Von diesem Häuschen darf geknabbert werden!
Nach altem Rezept hat die kleine Hexe den Teig für
die Pfefferkuchen zubereitet und die Lebkuchen mit
Plätzchenformen ausgestochen.*

LEBKUCHENREZEPT

200 g Honig, 100 g Zucker, 50 g Schmalz zusammen erhitzen, auf 500 g Mehl gießen und erkalten lassen.
2 Eier, je 1 Teelöffel Zimt, Muskat, Pfeffer, Piment, Ingwer, 1 Päckchen Backpulver dazumischen, kneten und einige Zeit kühl stellen. Portionsweise 5 mm stark auswellen und Formen ausstechen. Im vorgeheizten Backofen ca. 10 Minuten bei 195 Grad backen.

Konstruieren

1 Das Hexenhaus wird aus einem unbedruckten Karton gebaut und mit Lebensmittelfarbe bemalt. Mit einem spitzen Messer schneidet man Tür und Fenster aus.

2 Das Dach wird auf seiner Oberseite mit Folienpapier bezogen. Von ihm lassen sich die mit Zuckerguss aufgeklebten Lebkuchen leichter lösen als von Pappe. Zur Befestigung des Daches müssen Klebelaschen angebracht werden.

TIPP
Das Innere des Häuschens kann auch genutzt werden. Vielleicht als Vorratskammer für weitere süße Schätze. Oder als Spielhaus mit einem Hexenbett für die Hexenpuppe.

LEBKUCHEN
Früher gab es auf dem Christkindlmarkt oder in den Bäckereien große Lebkuchen mit bunten Aufklebebildern zu kaufen. Man kann sie auch selber machen:

1 Das Motiv, zum Beispiel Hänsel und Gretel, den Nikolaus, einen bunten Weihnachtsstern oder ein verschneites Häuschen mit ungiftigen Filzstiften auf stärkeres Zeichenpapier zeichnen und ausschneiden.

2 Den Lebkuchenteig ausrollen.

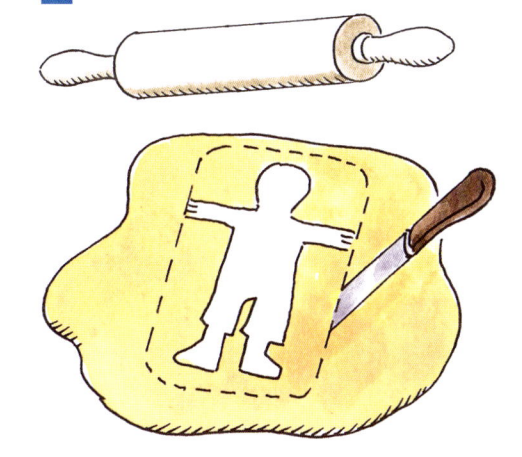

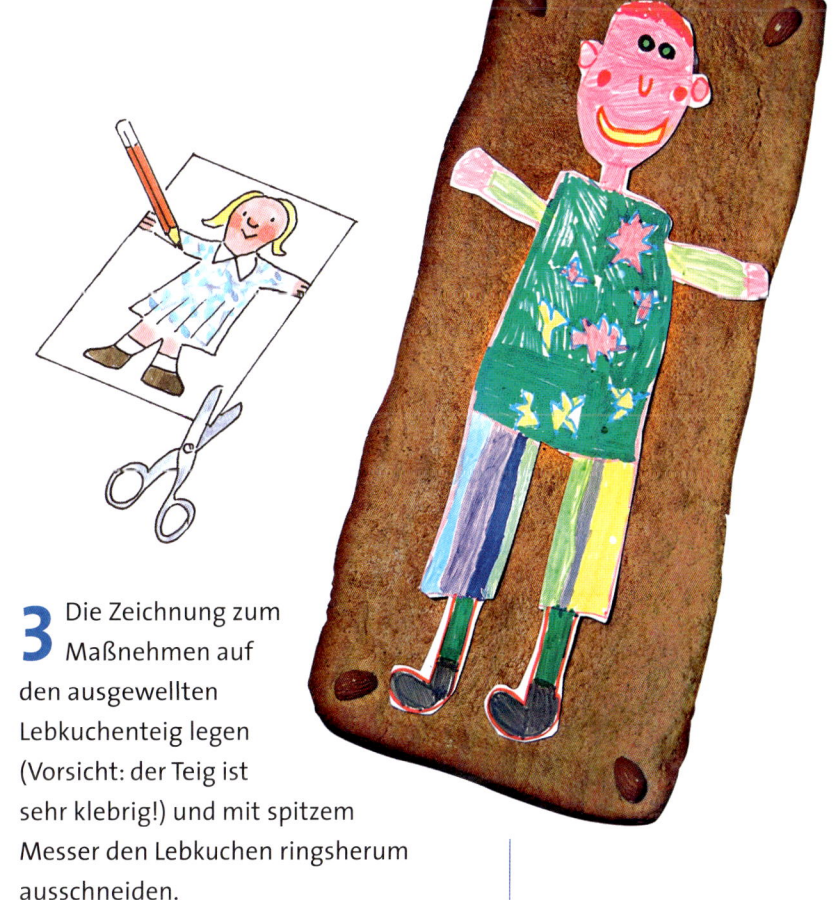

3 Die Zeichnung zum Maßnehmen auf den ausgewellten Lebkuchenteig legen (Vorsicht: der Teig ist sehr klebrig!) und mit spitzem Messer den Lebkuchen ringsherum ausschneiden.

4 Die Schablone wieder abnehmen, den Lebkuchen backen und – wenn er noch warm ist – das Bild mit Klebepunkten einer Masse aus Eiklar und Puderzucker aufkleben.

MATERIAL LEBKUCHEN
Lebkuchenteig
dünner Zeichenkarton
lösungsmittelfreie Filzstifte
Eiklar
Puderzucker

Verpackungskarton

Weiter Ritt nach Sandvalley

MATERIAL STADT
Getränkekartons
Holzbeize
Schere
Cutter
Kleber

Der Weg führt den einsamen Cowboy durch Kakteenwälder, zerklüftete Schluchten und einsame Sierras – aber es lohnt sich. Die Stadt macht zwar einen etwas verlassenen Eindruck, doch der Planwagen ist bis oben gefüllt mit Schätzen!

Die Westernstadt ist aus Getränkekartons gebaut. Wenn der äußere Aufdruck stört, können die Kartons an der Klebestelle geöffnet, gewendet und mit der Innenseite nach außen wieder zusammengeklebt werden.

1 Mit einem Papiermesser werden die oberen Laschen der Getränkekartons abgetrennt. Die geschwungene Frontseite wird mithilfe einer Schablone aufgezeichnet und ausgeschnitten. Fenster und Türen ausschneiden.

Konstruieren

2 Die Häuser auf einen vorspringenden Unterbau aus Karton kleben. Auf Säulen gestützte Vordächer schützen die Bewohner vor Regen und sengender Sonne. Zu den Laubengängen führen kleine Treppchen. Die Häuser werden mit flüssiger Holzbeize bemalt.

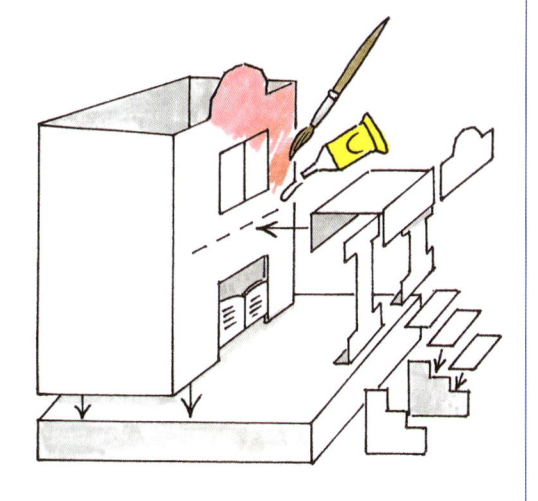

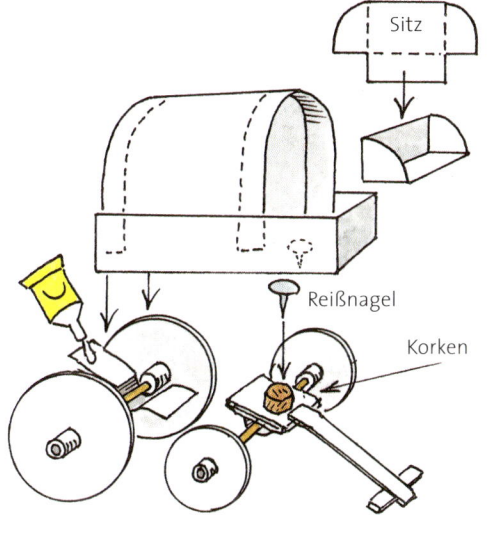

Sitz

Reißnagel
Korken

PLANWAGEN
Der Planwagen wird in eine Schachtel gebaut und besitzt eine lenkbare Vorderachse. Dazu wird ein Reißnagel durch den Wagenboden in ein Korkenstück über der Achsstange gedrückt.

MATERIAL PLANWAGEN
Schachtel
Tütenpapier
dünne Graupappe
Zahnstocher
Korken
Kleber

MATERIAL COWBOY
Graupappe
Deckfarben
Schere

COWBOY
Der Cowboy aus Karton wird mit dem Einschnitt zwischen seinen Beinen auf den Pferderücken gesteckt. Das Tier steht von allein, weil seine Beine leicht nach rechts und links gebogen sind.

Verpackungskarton

MATERIAL STADT
Pappkartons
Pappröhren
Schachteln
alte Tennisbälle
Metallfolie
Dispersionsfarbe
Drachenpapier
Kleber, Schere
Glühbirnchen
4,5-V-Batterien
Cutter

Blaue Märchenstunde

Im letzten Licht des Tages glänzen die Kuppeln und Fähnchen der Stadt am Hang. Und wenn die Nacht sich niedersenkt, fällt bunter Schein aus den Fenstern. Dann werden sich die Palastbewohner auf weichen Kissen an leise plätschernden Brunnen niederlassen und den Märchenerzählern lauschen.

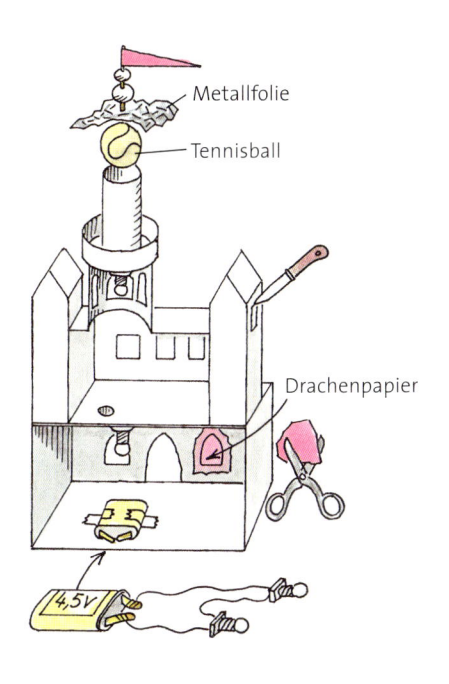

Bauen

1 Pappkartons und Schachteln aller Größen und Formen aufeinander- und nebeneinanderkleben. Türme aus Pappröhren mit Kuppeln aus metallfolienbezogenen Tennisbällen machen daraus eine orientalische Märchenstadt.

2 Die ausgeschnittenen Fenster mit buntem Drachenpapier hinterkleben und von innen beleuchten mit kleinen Birnchen, die an 4,5-V-Batterien angeschlossen sind.

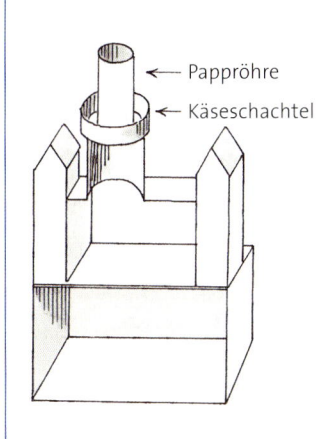

SCHLOSS

Die Gäste des Sommerfestes treffen sich zum „Ball im Schloss". Der geschickteste Werfer kann die Hand einer Prinzessin gewinnen!
Denn hinter dem prächtigen Bauwerk verbirgt sich ein Geschicklichkeitsspiel. Man muss einen Ball so durch das offene Dach werfen, dass er seinen Weg durch das Labyrinth im Inneren des Gebäudes findet und aus dem Schlosstor schließlich wieder herausrollt und nicht im Verlies verschwindet.

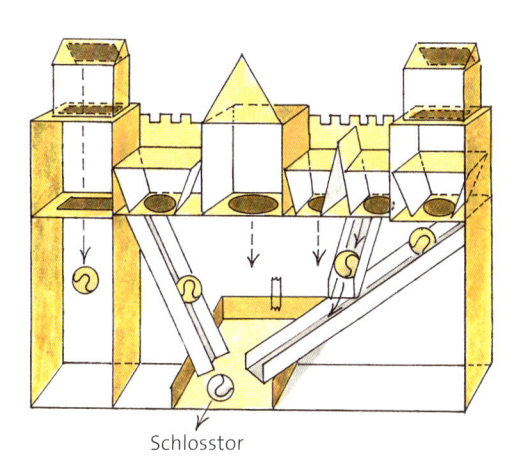

1 Die Rollschienen aus Karton werden an den Seiten geknickt und innen an den Kartonwänden des großen Schlossbaus befestigt.

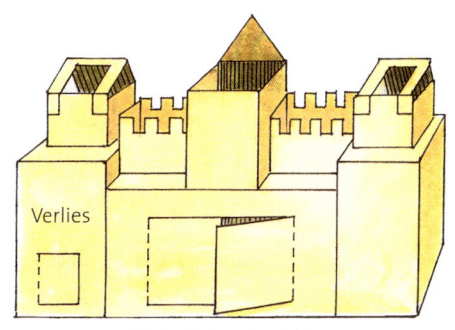

2 Die Türme sind oben offen. Ein Trichter aus Karton fängt die Bälle auf und leitet sie entweder zum Ausgangstor oder ins tiefe Verlies.

MATERIAL SCHLOSS
große und kleine Pappkartons
Dispersionsfarbe
Papiermesser
langes Lineal
Doppelklebeband
Bälle

Verpackungskarton

Auf den Straßen ist was los!

Auf drei Spuren liefern sich Kartonautos ein Rennen. Sie sind dazu besonders präpariert: Durch die Motorhaube wird eine Schnur von der Länge der Rennstrecke geknüpft. Das andere Ende wird um ein Rundholz geknotet. Wenn sich die Fahne des Rennleiters senkt, wird in Windeseile die Schnur auf das Hölzchen gewickelt. Der Sieger bekommt den „Pokal" – einen Becher Eiscreme!

MATERIAL AUTO
Karton
Dispersionsfarbe
Blumenstab
Reißnägel
Schnur
Rundholz
Kleber

1 Für den Autoaufbau zwei verschieden große Schächtelchen aufeinanderkleben. Man kann die Schachteln in der gewünschten Größe auch selber zuschneiden und zusammenkleben.

2 Zwei Blumenstäbe durch die Karosserie stecken und jeweils auf die Enden Räder aus Karton spießen. Reißnägel, in die Achsstangen gedrückt, verhindern, dass die Räder abfallen.

Bauen

ABSCHLEPPWAGEN

Auf den Autobahnen herrscht dichtes Gedränge, auf genügend Sicherheitsabstand wird nicht mehr geachtet – und schon kracht es! Der Abschleppwagen ist pausenlos im Einsatz.

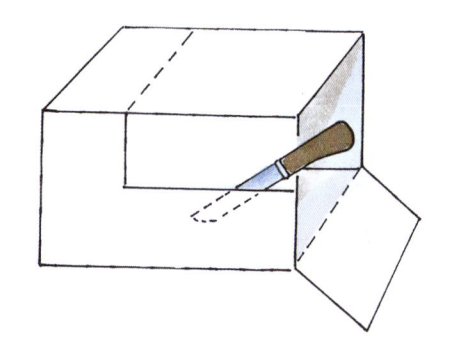

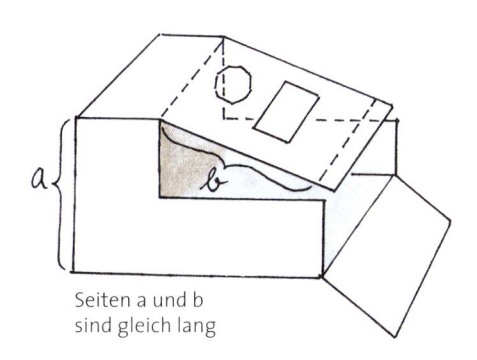

Seiten a und b sind gleich lang

1 Der Abschleppwagen wird aus mehreren Schachteln und Kartons geschnitten und zusammengeklebt: Zuerst ein Rechteck aus der Seitenwand schneiden und dann das Fenster und darüber ein Loch ausschneiden.

MATERIAL ABSCHLEPPWAGEN
Karton
Blumenstab
Fadenspule
Schnur
Papphöhre
Lineal
Cutter
Kleber

2 Die Garnspule für das Seil des Abschleppkrans befindet sich im Führerhaus. Sie wird auf einen Blumenstab gespießt, eingesetzt und außen mit der Kurbelscheibe befestigt.

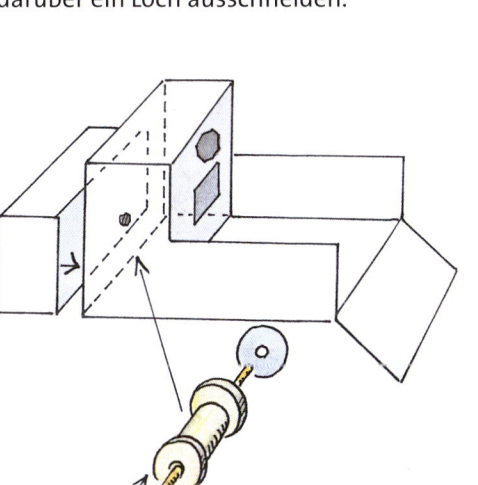

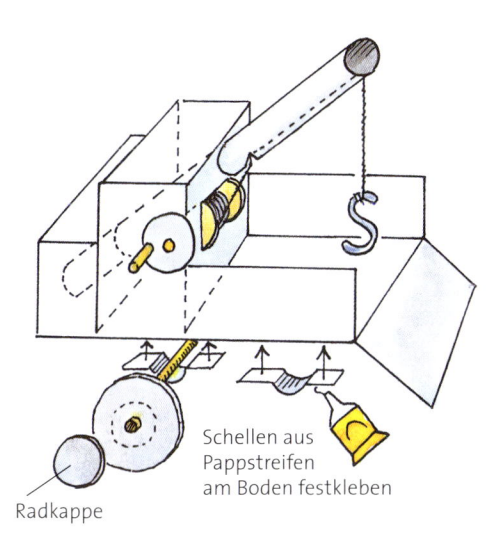

Radkappe

Schellen aus Pappstreifen am Boden festkleben

3 Schräg über die Spule bis in den Motorraum wird die lange Papphöhre des Hebearms gesteckt. Durch eine eingeschnittene Öffnung direkt über der Rolle wird die Schnur in die Röhre geschoben, an der oberen Öffnung der Röhre herausgeführt und ein Abschlepphaken darangeknüpft.

Verpackungskarton

TIPP
Das Tapetenmuster an den Wänden wird mit Dispersionsfarbe gemalt.

Hier wohnt Familie Maus

Für das Haus der Familie Maus braucht man nur einen Pappkarton. Je nach Größe kann es ein, zwei oder mehrere Stockwerke bekommen. Darin können ein Wohnzimmer, ein Schlafzimmer, ein Bad, eine Küche oder ein Kinderzimmer eingerichtet werden – je nach Mäuselust und Mäuselaune.

Bauen

MÖBEL

Die Möbel werden ausschließlich aus Schachteln gebaut. Wie Bank, Tisch und Schrank entstehen, zeigen die folgenden Zeichnungen:

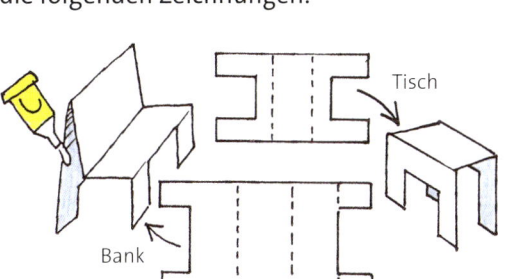

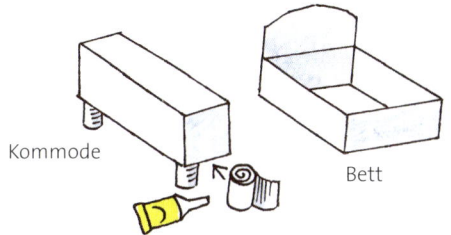

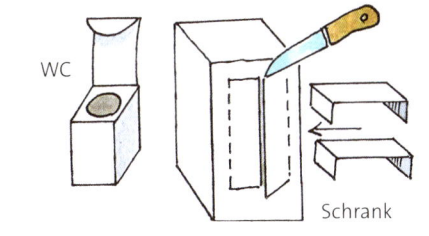

MATERIAL
Karton
Kartonstücke
kleine Schachteln
Graupappe
Buntpapier
Cutter
Lineal
Schere
Deckfarben
Dispersionsfarbe
Filzstifte
Kleber
Korkstücke
Stecknadel

FAMILIE MAUS UNTERWEGS

In den Ferien reist die Familie am liebsten nach Paris. Dort kauft sich Mutter Maus ein neues Kleid und die Familie besichtigt das Palais Royal. Vater Maus sucht im Stadtplan nach dem Eiffelturm.

1 Für den Körper der Maus ein Kreissegment aus Graupappe schneiden und zur Spitztüte kleben. Ein kleineres Segment als Kopf zuschneiden und zusammenkleben.

2 Die Kleider werden aus farbigem Buntpapier und Zeichenkarton zugeschnitten. Einen Kreis aus weißem Papier mehrfach zusammenfalten, an den Rändern kleine Zacken ausschneiden und die Spitze abschneiden. Beim Auffalten ist ein hübscher Spitzenkragen für die Mäusedamen entstanden.

3 An den Innenseiten der Arme werden kleine Korkstückchen angebracht. So kann man die Arme gut mit einer Stecknadel am Körper befestigen.

4 Für den Körper des Mäusemannes wird ebenfalls ein Teil eines ausgeschnittenen Kreises verwendet. Der Körper und die Beine werden aufgezeichnet und ausgeschnitten. Zum Schluss klebt man noch die gefalteten Schuhe an.

Graupappe

MATERIAL VOGEL
Graupappe
Musterklammern
Vorstecher
Schnur
Deckfarben
Schere

Kommt ein Vogel geflogen

Der große dunkle Vogel mit der gefleckten hellen Brust und dem leuchtend gelben Schnabel ist zwar ein „Zugvogel", doch er bleibt da und fliegt nicht fort. Er ist aus Pappe ausgeschnitten und mit Deckfarben bemalt.

1 Einen Vogelkörper und zwei Flügel ausschneiden und auf einer Seite mit Deckfarbe gestalten. Die Rückseite bleibt unbehandelt.

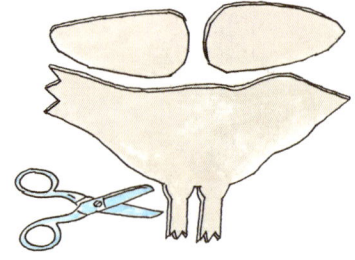

Bewegen

Musterklammer

Musterklammer als Stopper für die Flügel

Loch im Vogelkörper unter dem Flügel

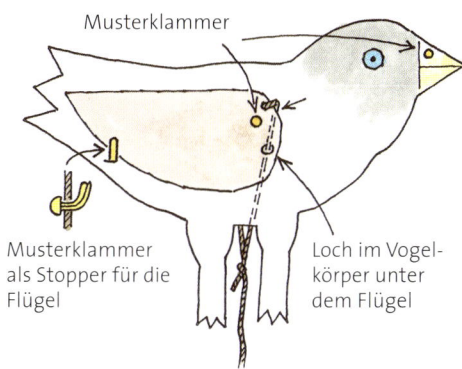

2 Nach dem Trocknen mit dem Vorstecher in den Vogelkörper und vorn am Flügel ein Loch bohren und die Flügel mit Musterklammern locker befestigen. Damit der Flügel nicht herunterklappt, wird von der Rückseite eine Musterklammer durch die Pappe gebohrt und das Ende nach oben gebogen.

Stopper   **Rückseite**

Ziehen!

3 Zum Bewegen der Flügel an deren rundem Ende eine Schnur befestigen, durch ein Loch im Flügel und im Körper führen und unter den Beinen mit der Schnur von der Rückseite verknüpfen.

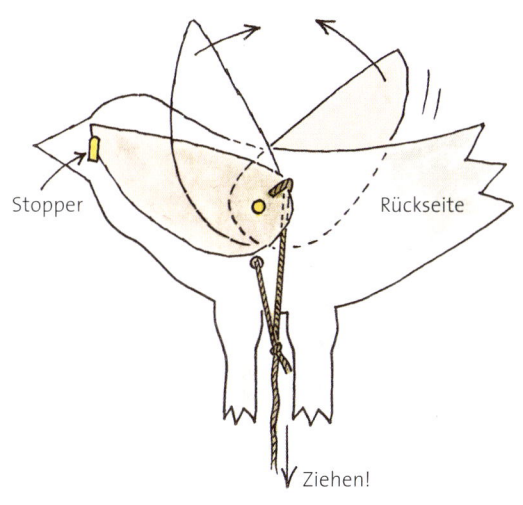

STADTMUSIKANTEN

Die Bremer Stadtmusikanten schauen neugierig in das verfallene Haus, aus dem sie die Räuber grölen hören. Wenn noch der Hund dazukommt, werden sie mit ihrem fürchterlichsten Geschrei die wilden Kerle vertreiben!

1 Aus Graupappe die Umrisse der Köpfe von Esel, Hund, Katze und Hahn ausschneiden. Mit farbiger Ölkreide die charakteristischen Gesichter aufmalen. Die Katze kann aus dünn zugeschnittener Pappe einen langen Schnurrbart bekommen.

2 Damit die Figuren als Handpuppen benutzt werden können, auf der Rückseite in Handbreite je zwei Löcher bohren, ein Gummiband durchziehen und verknoten.

MATERIAL STADTMUSIKANTEN
Graupappe
Ölkreiden
Gummiband
Schere

Graupappe

Der Zirkus ist da!

MATERIAL
Graupappe
Musterklammern
Vorstecher
Schnur
Deckfarben

Hereinspaziert, hereinspaziert! Sie sehen hier die schöne Arlette in schwindelnder Höhe, die möglichen Wunder des Magiers Arturo Schnickschnack und Vulcano, den mutigen Feuerfresser.

1 Die Körper und Glieder der Hampelpuppen werden einzeln auf Pappe gezeichnet, ausgeschnitten und bemalt. Nach dem Trocknen an den markierten Stellen mit dem Vorstecher Löcher stechen. Die Zeichnungen zeigen, an welcher Position wie oft eingestochen werden muss.

Bewegen

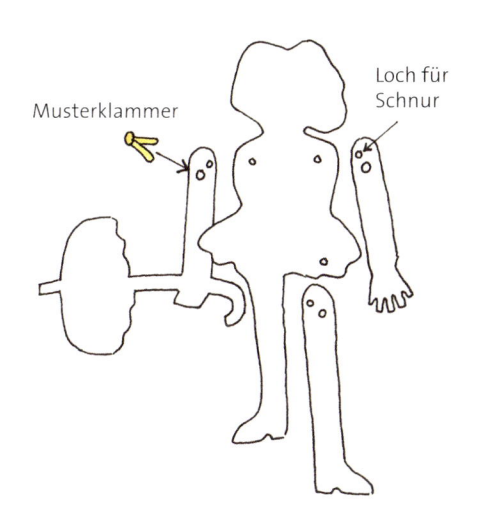

2 Mit Musterklammern werden die beweglichen Teile am Körper befestigt. Durch die anderen Löcher Schnüre ziehen und anknüpfen. Die locker fallenden Schnurenden zusammenfassen und straff ziehen. Dabei richten sich die beweglichen Teile auf.
Ist die gewünschte Stellung erreicht, werden die Schnüre verknotet.

3 Stopper aus Pappe verhindern ein zu weites Ausschlagen der beweglichen Teile, wenn nach dem Straffziehen die Schnur wieder locker gelassen wird. Zum Aufhängen werden am Kopf der Figuren Schlaufen befestigt.

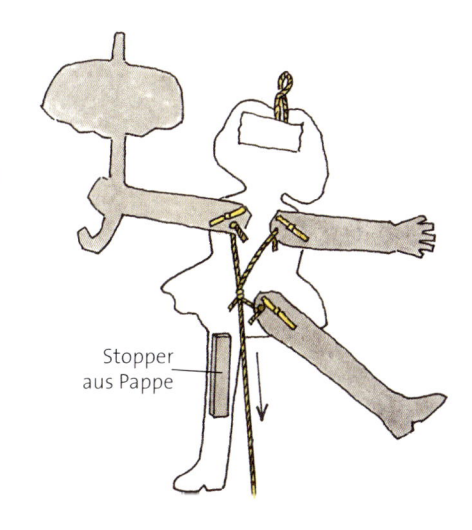

4 Der Arm des Zauberers, der das Kaninchen aus dem Hut zieht, ist mit einer Musterklammer beweglich am Körper befestigt.

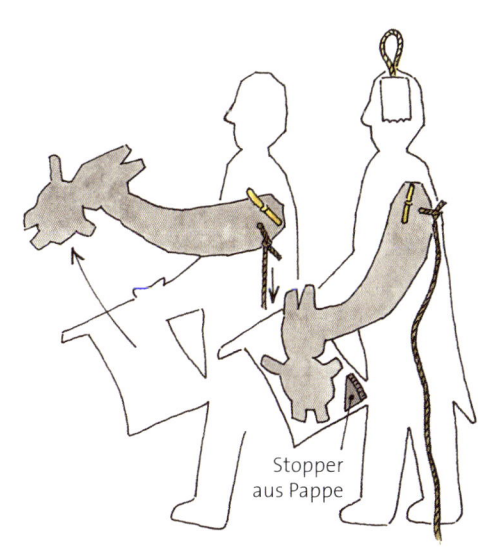

5 Der Kopf des Feuerschluckers ist mit einer Musterklammer beweglich am Körper befestigt und durch die Schnur mit dem ebenfalls beweglichen Feuerarm verbunden.

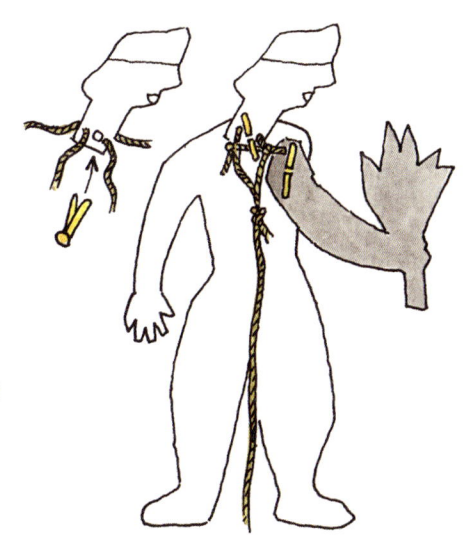

Graupappe

Da kam die gute Fee herein

Die gute Fee hat eine Tasche voll Sternschnuppen gesammelt. An traurigen Regentagen, wenn der Abendhimmel bewölkt ist, bringt sie damit Freude ins Haus.

MATERIAL FEE
kräftige Graupappe
Holzleiste
Holzspießchen
Musterklammern
Draht
Deckfarben
Folienstreifen
Holzleim
Kleber
Ahle
Schere

1 Den Körper und einen Arm aus Graupappe ausschneiden, bemalen und trocknen lassen.

2 Den Oberarm zweimal lochen; den Körper einmal in Schulterhöhe, einmal fingerbreit über dem Rocksaum. Zum Schieben auf die Rückseite eine Leiste kleben. Den beweglichen Arm mit einer Musterklammer am Körper befestigen; den Zauberstab an die Hand kleben.

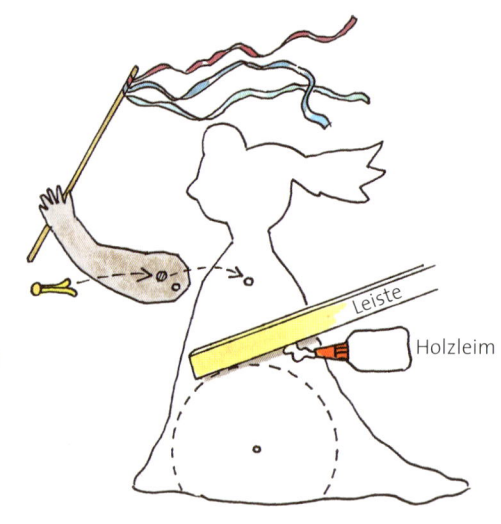

Bewegen

3 Für das Laufrad eine große und eine kleine Scheibe ausschneiden und ein Loch in die Mitte stechen. Auf die größere Scheibe fünf Beine sternförmig aufmalen.

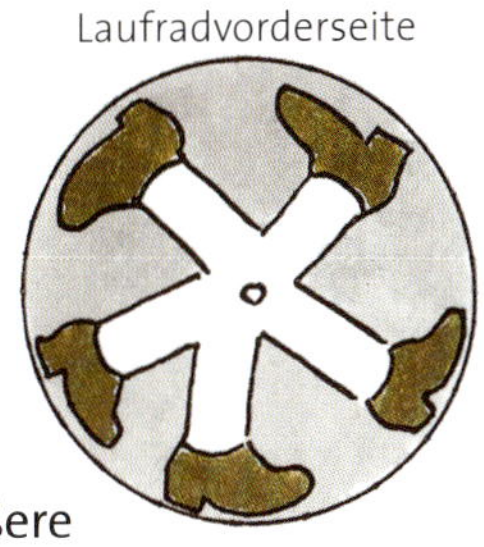

Laufradvorderseite

4 Am Rand der kleinen Scheibe eine Musterklammer befestigen und die Scheibe auf die Rückseite der großen Scheibe kleben. Zum Schluss das Laufrad mit einer weiteren Musterklammer über dem Rocksaum montieren.

Musterklammer

5 Der bewegliche Arm wird mit einem Stück Draht an der Musterklammer des kleinen Rades befestigt. Mit jeder Umdrehung dieses Rades wird der Arm vom Draht entweder hochgeschoben oder heruntergezogen; zugleich bewegt sich der Zauberstab.

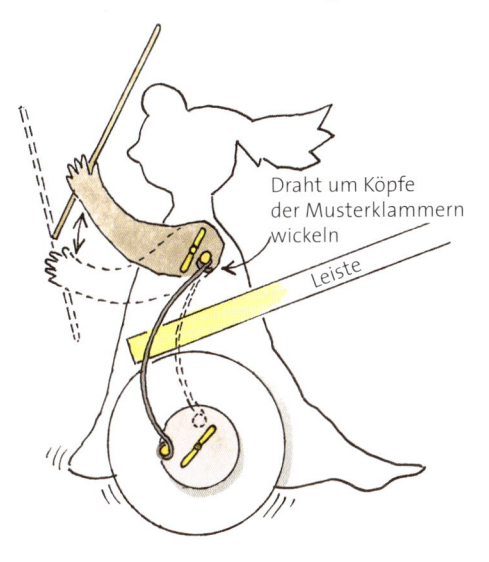

Draht um Köpfe der Musterklammern wickeln

Leiste

FUCHS

Vor dem Hühnerstall steht ein Fuchs auf der Lauer. Kommt ein Huhn in seine Nähe, dann schnappt er danach. Doch vergebens – das Maschengitter ist dazwischen!

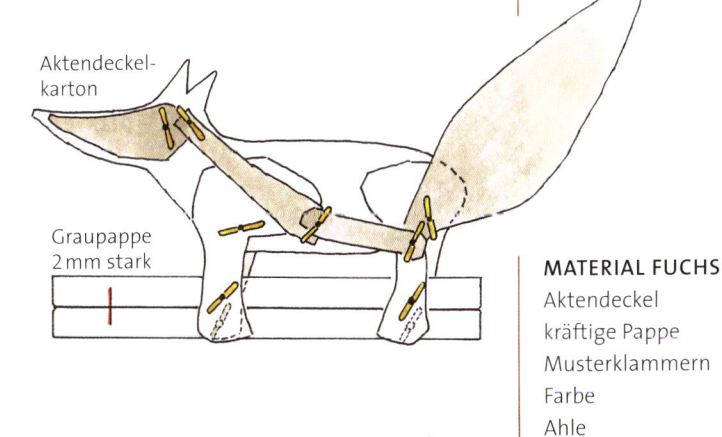

1 Die einzelnen Teile werden aus Aktendeckeln ausgeschnitten und bemalt. Nach dem Trocknen die Löcher markieren, ausstechen und die beweglichen Teile mit Musterklammern am Körper befestigen.

Aktendeckelkarton

Graupappe 2 mm stark

2 Die beweglichen Schienen werden aus fester Graupappe ausgeschnitten. Die Beine des Fuchses mit je einer Musterklammer an jeder Schiene befestigen.

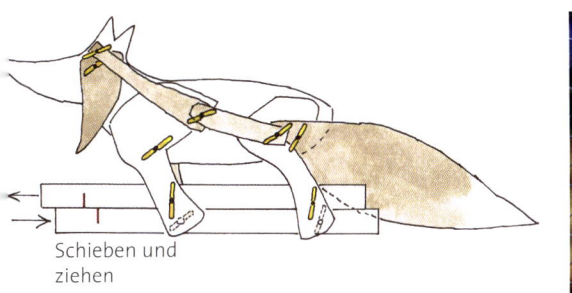

MATERIAL FUCHS
Aktendeckel
kräftige Pappe
Musterklammern
Farbe
Ahle
Schere

Schieben und ziehen

3 Schiebt man die Schienen nach rechts oder links auseinander, dann verschieben sich Beine, Schnauze und Schwanz.

51

Wachspapier

MATERIAL ENTE
Wachspapier
Flaschenkorken
Stein
wasserfeste Filzstifte
Schnur

Prinzessin auf der Ente

Sie kehrt von einer rauschenden Ballnacht zurück und lässt sich gern von ihrem Wasservogel nach Hause bringen zu ihrem fürstlichen Schlafgemach mit Eiderdaunenbett.

Falten

ENTE

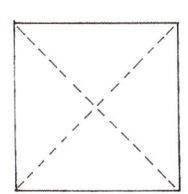

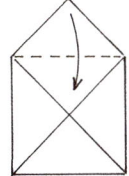

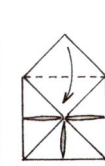

1 In ein Quadrat ein Diagonalkreuz falzen. Dann die Ecken zur Mitte falten, die Arbeit wenden und die Ecken noch einmal zur Mitte falten.

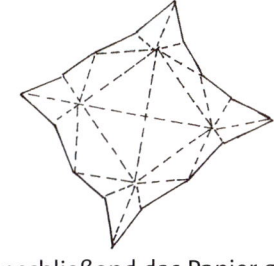

2 Anschließend das Papier ganz öffnen und das mittlere Faltquadrat wie ein Tischtuch hochstellen.

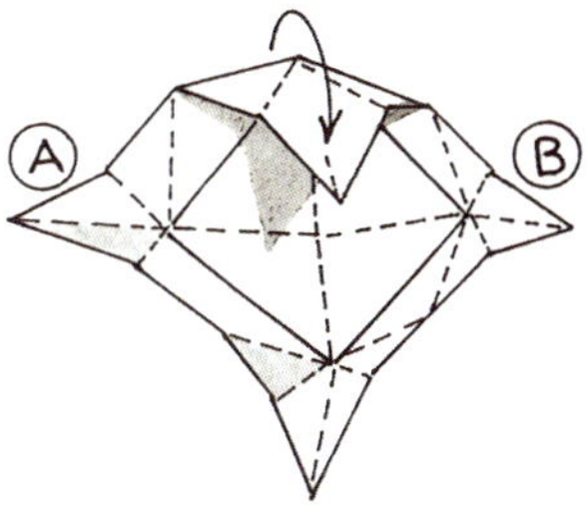

3 Nun eine Ecke zur Mitte falten und die Ecken A + B in Richtung Mitte zusammenschieben.

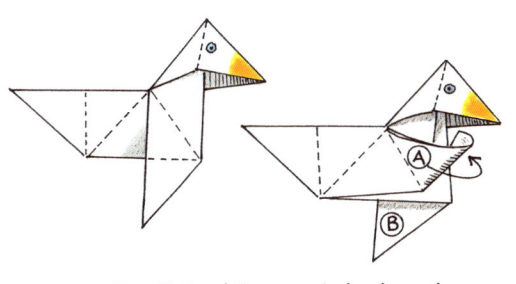

4 Der Entenkörper wird erkennbar, wenn man den Kopf flach drückt und die Zipfel A + B vorne in die Brust schiebt.

5 Damit die Ente auf dem Wasser mit ihrem Fahrgast nicht umkippt, klebt man in die Unterseite einen Korken. An diesem wird mit einer Schnur ein Stein als Stabilisator befestigt.

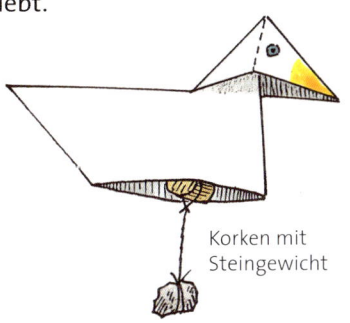

Korken mit Steingewicht

TIPP
Die Ente wird aus wasserfestem Papier gefaltet. Dieses Papier ist ein Abfallprodukt, nämlich die untere Schicht von Klebefolien.

PUPPE

1 Der kleine Puppenkopf wird aus Seidenpapier geknüllt.

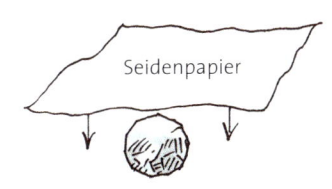

Seidenpapier

2 Diesen in einen großen Bogen Seidenpapier einschlagen, verwinden und das Papier in Körperform drücken.

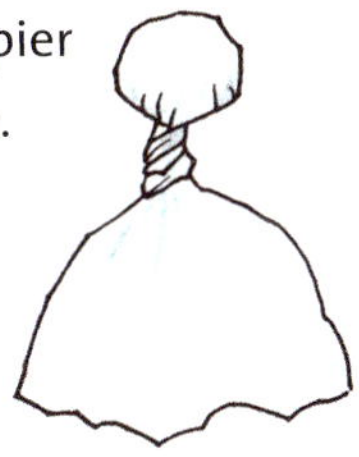

3 Aus Seidenpapier eine Rolle formen und diese als Arme mit Bindfaden über Kreuz am Körper befestigen.

4 Das Kostüm wird aus Geschenkpapierresten geschneidert und festgeklebt. Ein Foliengürtel in der Taille hält alles zusammen. Der Kopf wird mit einem Schleier aus Seidenpapier und einem Goldkrönchen geschmückt.

MATERIAL PUPPE
Seidenpapier
Bindfaden
Metallfolienpapier
Kleber
Schere

Wachspapier

MATERIAL
Zeichenpapier
Deckfarben oder Ölkreiden
Rundholz
Reißnagel
weiße Kerzenreste
Schere
Kleber

Blumenzauber

Die Blütenpracht dieser Blumen ist unvergänglich, denn Wachs verhindert ihr Verwelken. Die Tulpen erhalten ihre Leuchtkraft durch Ölkreiden, bei den Fantasieblumen werden auf Ober- und Unterseite mit Wasserfarben bunte Kreise aufgemalt.

1 Aus Zeichenpapier einen Kreis ausschneiden und mit Wasserfarben oder verschiedenfarbigen Ölkreiden anmalen.

Färben • Wachsen

2 Für die Fantasieblume wird die Scheibe dreimal gefaltet und die Blütenblattform ausgeschnitten. Faltet man die Scheibe wieder auseinander, kommen 8 Blütenblätter zum Vorschein.

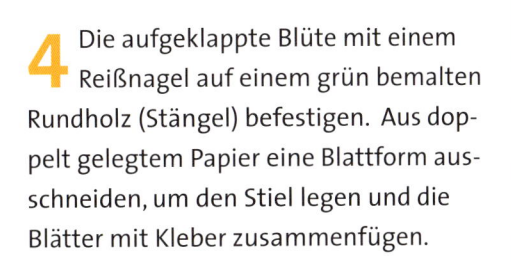

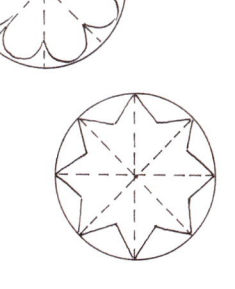

3 Die Tulpe hat weniger, aber breitere Blätter. Hierfür den Kreis nur zweimal zusammenlegen und 1,5 Blätter ausschneiden. Dabei nicht zu weit in die Mitte schneiden, sonst reißen die Blätter ab.

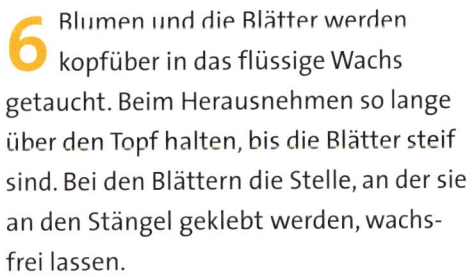

4 Die aufgeklappte Blüte mit einem Reißnagel auf einem grün bemalten Rundholz (Stängel) befestigen. Aus doppelt gelegtem Papier eine Blattform ausschneiden, um den Stiel legen und die Blätter mit Kleber zusammenfügen.

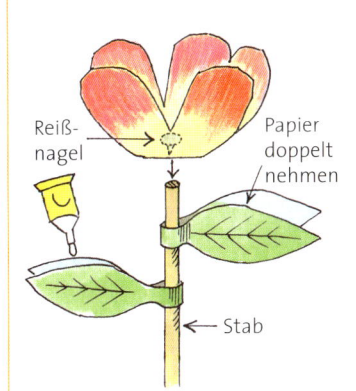

5 Kerzenreste in eine alte Konservendose füllen und im Wasserbad auf dem Herd bei Stufe 1 schmelzen. Wenn das Wachs an einem Papierstreifen nicht mehr in dicken Tropfen hängen bleibt, kann man beginnen.

6 Blumen und die Blätter werden kopfüber in das flüssige Wachs getaucht. Beim Herausnehmen so lange über den Topf halten, bis die Blätter steif sind. Bei den Blättern die Stelle, an der sie an den Stängel geklebt werden, wachsfrei lassen.

7 Die Blumen in eine Vase stellen oder in einen mit Sand, Steinen oder Styropor gefüllten Blumentopf stecken.

Wachspapier

MATERIAL DAMPFER
Milch- oder Safttüten
Sand
deckende Farbe
Klarlack
oder Buntlack

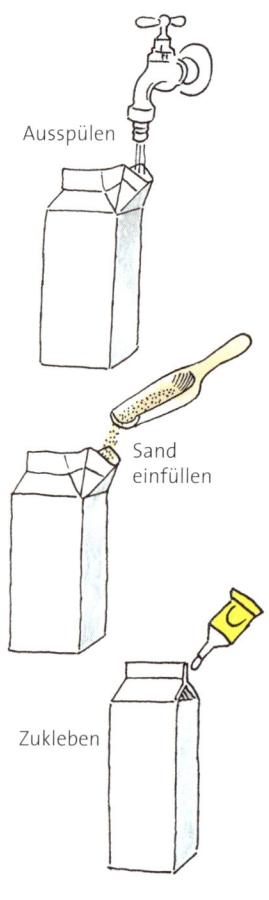

Ausspülen

Sand einfüllen

Zukleben

TIPP
Vor jedem Wassergang werden die Schiffe etwas geschüttelt, damit sich der Sand im Laderaum gleichmäßig am Boden verteilt, denn der Dampfer soll keine Schlagseite bekommen.

Wasserspielzeug für Strandtage

Leere Milch- und Safttüten sind das Baumaterial für Wasserspielsachen. Man kann aus ihnen die Wasserrinnen für eine Mühle oder einen Aquädukt bauen. Mit Lackfarbe verwandeln sie sich in Schiffe, Hausboote und Hafenstädte oder glänzen, mit Folie kaschiert, als Wasserschloss im Teich.

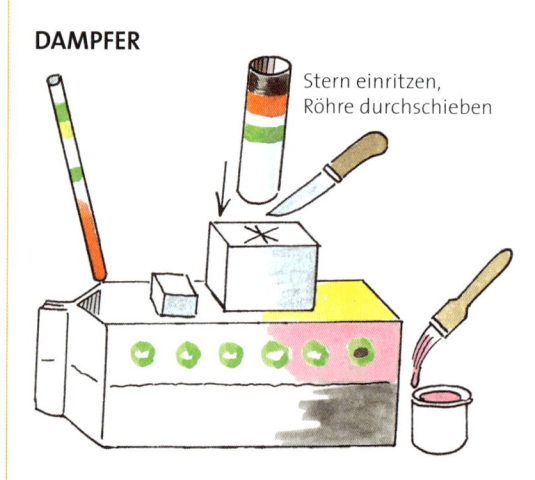

DAMPFER

Stern einritzen, Röhre durchschieben

1 Leere Milch- oder Safttüte gut ausspülen, mit etwas Sand als Balast füllen und zukleben.

2 Aufbauten aus kleinen Schachteln, Papprollen als Schornstein und Fahnenstangen gut festkleben. Mit Plaka-, Dispersions- oder Deckfarben bemalen und nach dem Trocknen mit Klarlack überziehen.

Gestalten

WASSERSCHLOSS
Große Festbeleuchtung im Wasserschloss: Die Schilfelfen laden ein zum Froschkonzert und anschließendem Tanz auf dem See.

1 Die Milchtüten mit Wasser sorgfältig ausspülen und die Kappen abschneiden. Nun werden die verschiedenen Giebel und Fenster aufgezeichnet und ausgeschnitten.

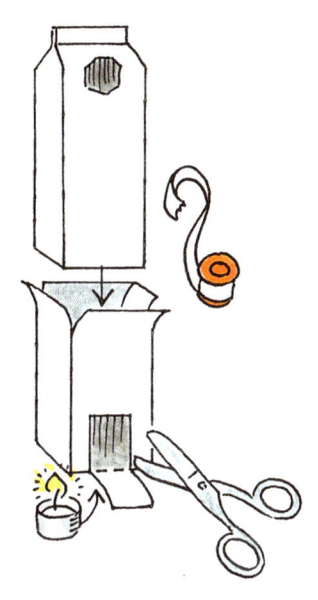

2 In jedes Haus wird hinten eine Klappe für das Teelicht geschnitten. Ein Turm wird verlängert, indem eine zweite Milchtüte in den offenen Giebel gesteckt und mit Klebefilm befestigt wird.

3 Nun die Tüten mit Alufolie beziehen. Die Folie in den Fenstern einschneiden und nach innen drücken.

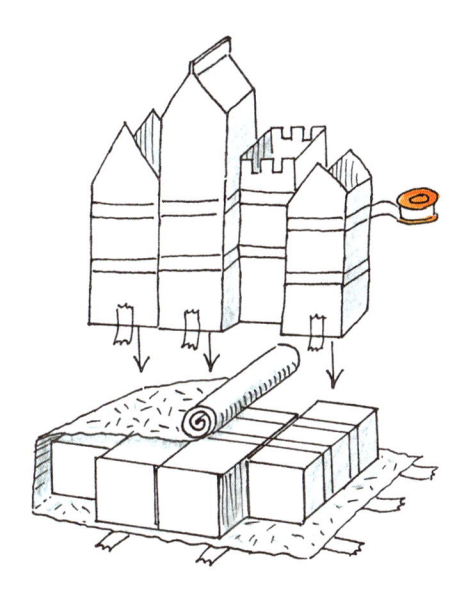

4 Zuletzt werden die Häuser und Türme zusammengeklebt und auf ein Floß aus bezogenen Milchtüten gesetzt.

TIPP
Bei geschlossenem Giebel braucht man auf jeden Fall eine Öffnung für den Rauchabzug.

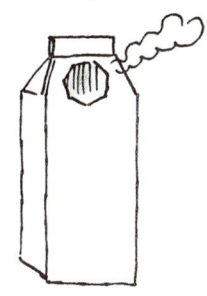

MATERIAL SCHLOSS
Milchtüten
Klebefilm
Alufolie
Teelichter

Kunstdruckpapier

Schiff ahoi!

Es war einmal ein Segelschiffchen, das war zwar noch nie auf hoher See, aber seine Jungfernfahrt im Brunnen im Park hat es schon bestanden.

MATERIAL
Illustriertenpapier
Zahnstocher
Wattebälle

JACKE

1 Quadrat zweimal in der Mitte falten, sodass ein Mittelkreuz entsteht.

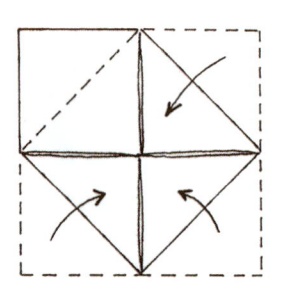

2 Alle Ecken zur Mitte falten.

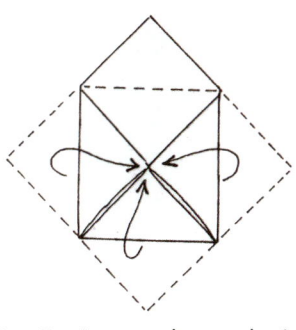

Falten

3 Das Papier wenden und wieder alle Ecken zur Mitte falten.

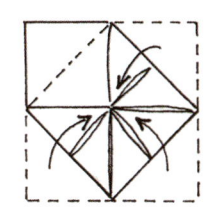

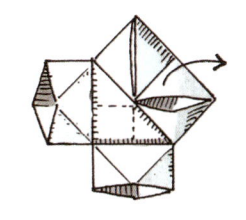

4 Noch einmal wenden und die Ecken wiederum zur Mitte falten. Dann drei Ecken auseinanderziehen und glatt streichen.

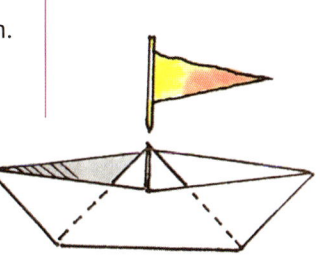

TIPP

Das klassische Faltschiffchen mit seinen Matrosen wird aus dem Deckblatt einer Illustrierten gefaltet. Das Kunstdruckpapier weist Wasser besser ab als Zeitungs- oder Zeichenpapier.

SCHIFF

Illustrierten-Titelblatt

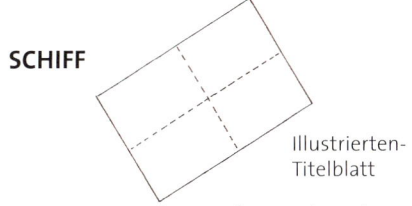

1 Das Mittelkreuz des Rechtecks knicken, dann zur Hälfte falten.

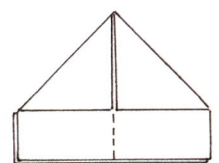

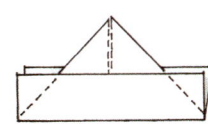

2 Vom oberen Falz aus die Ecken zur Mitte falten. Auf beiden Seiten den entstandenen Rand nach oben schlagen.

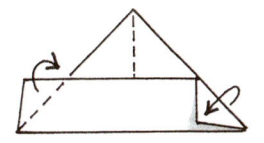

3 Die Ecken nach vorn und hinten knicken und fest anstreichen.

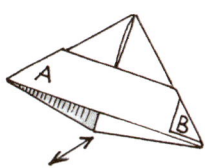

4 Den so entstandenen Helm öffnen, die Ecken A und B aufeinanderlegen.

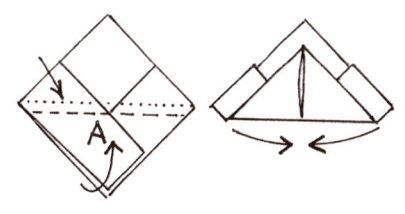

5 Nun die Ecken A und B etwas unterhalb der Mitte nach oben falten. Das Ganze zusammendrücken.

6 Die Ecken vorsichtig auseinanderziehen. Das Schiff ist fertig!

SEEMANNSHUT

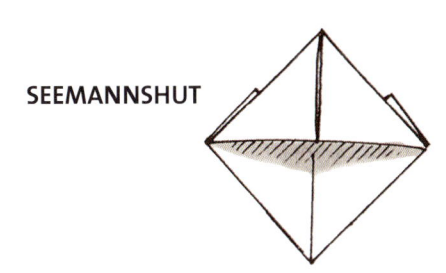

1 Illustriertenpapier im Format 7,5 x 5 cm wie für das Schiff (Nr. 5) falten, aber nun die Ecke A genau in der Mitte hochfalten.

2 Den Hut auf einen Watteball setzen, diesen auf einen Zahnstocher spießen und in die Jacke stecken.

Watteball

Krepppapier

Gans, wo brennt's?

MATERIAL GANS, ZÖPFE
Krepppapier
Schere

Sie muss sich beeilen, denn gleich beginnt das Kinderfest! Bunte Bänder aus Krepppapier sind in den Maschendrahtzaun gewebt und schmücken festlich den Garten. Schon kommen die ersten Gäste. Sie spielen mit den Bändern und flechten sich schöne Kränze als Haarschmuck. Lustig fliegt der Kometball durch die Luft.

Flechten

Haarschmuck

1 Vom Krepppapier lange Streifen abschneiden. Immer drei der Streifen an einem Ende zusammenfassen und dann daraus einen Zopf flechten.

2 Den Zopf zu einem Kranz formen und die losen Anfangs- und Endstreifen mit einem Knoten zusammenbinden.

Kometball

Wenn man ein Papierknäuel mit Krepppapierstreifen umwickelt und mit einem Stoffstreifen zusammenbindet, erhält man einen lustigen „Kometball".

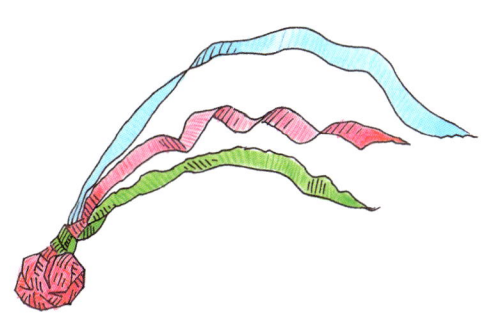

Girlanden

Zwischen den Bäumen im Garten flattern fröhlich Girlanden aus Papprollen und bunten Krepppapierbändern – das Sommerfest kann beginnen!

MATERIAL GIRLANDEN
Papprollen
Krepppapier
Schnur
Dispersionsfarbe

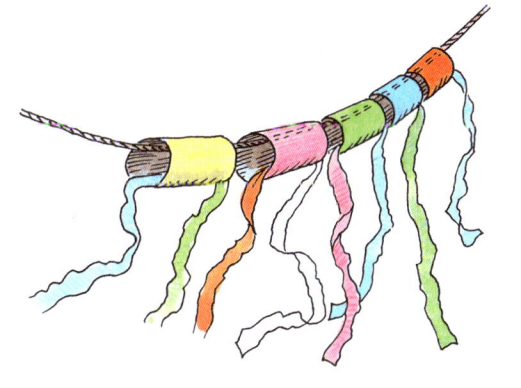

1 Für die Girlande Pappröhren bunt bemalen und diese auf eine lange Schnur ziehen.

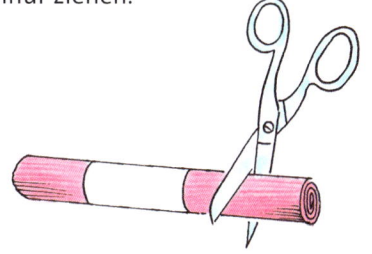

2 Durch jede Rolle bunte Krepppapierstreifen ziehen. Dann die Girlande im Garten aufhängen.

Krepppapier

MATERIAL SCHMUCK
Krepppapier
Schere
Kleber
Alufolie

Sommerschmuck für die Strandprinzessin

In der ruhigen Zeit der Siesta treffen sich die Strandprinzessinnen unter schattigen Bäumen und basteln sich Schmuck für den Spaziergang im Abendsonnenschein.

Flechten

1 Etwa 3 cm breite Krepppapierstreifen zuschneiden. Zu Zöpfen flechten oder zwischen Daumen und Zeigefinger zu Schnüren zwirbeln. Damit sich die Schnur nicht wieder aufdreht, einen schon gedrehten Strang 10–20 cm hinter der Drehstelle mit einer Hand spannen und festhalten. Beim weiteren Drehen muss die Hand, die das Band festhält, nachrutschen.

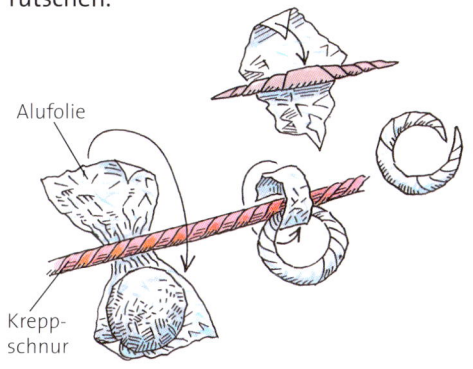

Alufolie
Kreppschnur

2 Für Armbänder, Ohrringe oder Halsschmuck mehrere gewundene Stränge noch einmal zu einem dicken Strang zusammendrehen. Die Zöpfe und Schnüre können zusätzlich mit Alufolienschnipseln oder Krepppapierfetzchen umwickelt werden.

3 Auch Knoten oder Folien- bzw. Kreppringe können eingeknüpft werden; ebenso Folienkugeln mithilfe eines größeren Streifens Alufolie. Eng aufgerollte Alufolie ergibt, zum Ring geformt, dekorative Anhänger oder Ohrringe.

Alufolie

TIPP
Will man eine neue Farbe dazunehmen, wird der andersfarbige Streifen 3–5 cm zusammen mit dem alten Streifen verwunden. Der alte Streifen wird abgerissen und der neue Streifen weitergedreht.

SONNENHUT

Der bunte Sonnenhut wird aus einem langen Krepppapierzopf zusammengenäht. Die Farben der eingeflochtenen Streifen (3 cm breit) wechseln dabei beliebig.

Farbwechsel

Durch zwei Zöpfe stechen

1 Der Zopf wird flach gedrückt und zu einer Schnecke aufgerollt. Mit langen Stichen wird die kleine Papierschnecke zusammengenäht.

2 Die nächsten ein oder zwei Kreise um die Schnecke legen und festnähen. So lange weiterarbeiten, bis der Kreis groß genug ist und mit der Glockenform begonnen wird. Dazu die Zopfreihen entsprechend tiefer festnähen und nur noch die Ränder der Zöpfe mit großen Hohlstichen annähen.

MATERIAL SONNENHUT
Krepppapier
Schere
kräftige Nadel
Zwirnsfaden

TIPP
Der Zopf muss zu Beginn der Näharbeit noch nicht in seiner ganzen Länge fertig sein. Es wird mit einem kleinen Stück begonnen und nach Bedarf weitergeflochten.

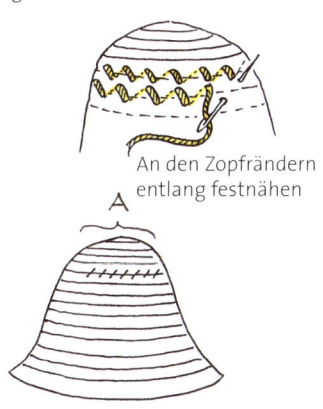

An den Zopfrändern entlang festnähen

Krepppapier

**MATERIAL
BLUMENGEBINDE**
Krepppapierstreifen
Seidenpapier
Blumendraht
trockene Gräser und Blätter
Kleber

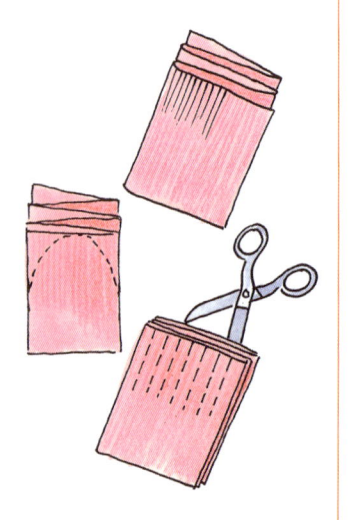

Rosen, Tulpen, Nelken …

… alle Blumen welken – nur die Papierblumen nicht! Sie können zwar im Laufe der Zeit etwas verblassen, doch ihre Blüten bleiben geöffnet wie am ersten Tag. Sie sind aus Krepp- und Seidenpapier und werden einzeln gekräuselt und mit Blumendraht zusammengewickelt. Das Blumengebinde wird zusätzlich mit trockenen Gräsern und Blättern geschmückt.

1 Bei den lila und weißen Blüten werden die Krepppapierstreifen der Blüten vor dem Kräuseln in mehreren Lagen gefaltet und dann eingeschnitten – entweder mit geraden Schnitten oder mit Bögen, siehe Zeichnung.

2 Die weiße Blüte besteht aus drei Teilen: aus einer kugeligen Mitte (wie Knospe S. 65), aus einem Fransenstreifen und einem Streifen mit runden Blütenblättern. Der untere Teil wird mit Blumendraht und grünem Kreppstreifen umwickelt.

Winden

STOCKROSEN

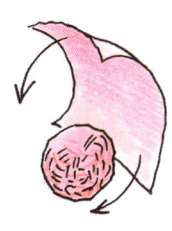

1 Für die Knospe eine geknüllte Krepppapierkugel in ein Rechteck aus Krepppapier einschlagen.

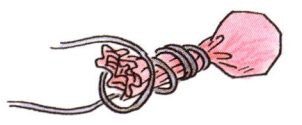

2 Die Enden eng mit Blumendraht umwickeln.

3 Mit einem Krepppapierstreifen umwickeln, den Streifen dabei dehnen.

4 Zuletzt das Streifenende festkleben.

BLÜTE

1 Den Kreppstreifen eng zusammenkrauschen.

2 Das untere Ende mit Blumendraht und grünem Krepppapier umwickeln.

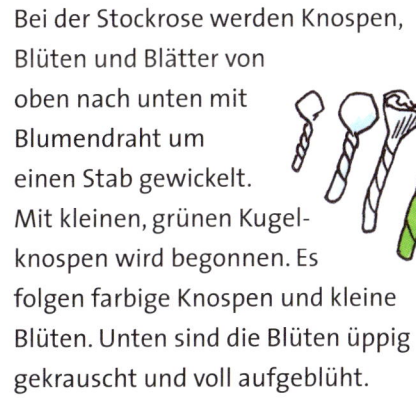

Die Knospen, Blüten und Blätter der Stockrosen sind um einen Stab gewickelt; ein grüner Krepppapierstreifen hält sie zusätzlich „bei der Stange".

MATERIAL STOCKROSEN
Krepppapier
Blumendraht
Kleber
Rundholz
Blumentopf

Bei der Stockrose werden Knospen, Blüten und Blätter von oben nach unten mit Blumendraht um einen Stab gewickelt. Mit kleinen, grünen Kugelknospen wird begonnen. Es folgen farbige Knospen und kleine Blüten. Unten sind die Blüten üppig gekrauscht und voll aufgeblüht.

Seidenpapier

Löwenzahn, zünde deine Lichter an

Nicht nur draußen auf den Wiesen, sondern auch auf der Fensterscheibe leuchten seine gelben und weißen Blüten.

MATERIAL LÖWENZAHN
Seidenpapier
Klarkleber
Schere

Dieser Löwenzahn wird aus farbigem Seidenpapier gerissen und geschnitten und mit ein paar Tupfen Klarkleber (s. Seite 138) am Fensterglas befestigt.

Problemlos lässt sich der Klebstoff samt dem Seidenpapier später wieder von der Scheibe lösen.

Schneiden • Reißen

TIPP
Beim Reißen ist auf die Laufrichtung des Papiers zu achten, denn nur in Laufrichtung lassen sich lange Streifen reißen und die Kanten werden gleichmäßig.

EIER
Viele Schnipsel, aus Drachenpapier gerissen, mit Kleister eingepinselt und aufgeklebt, schmücken die bunten Eier zwischen den gelben Nesseln. Drachenpapier, auch Pergaminpapier genannt, färbt beim Kleben nicht ab (seine Farbe „blutet nicht aus") und behält nach dem Trocknen seine Leuchtkraft.

MATERIAL FENSTERBILDER VÖGEL, WETTERHEXE
Drachenpapier
Kleister

FENSTERBILDER
Die Vögel und die Wetterhexe werden mit Kleister auf die Fensterscheibe geklebt. Sie lassen sich später problemlos wieder abziehen.

Tonpapier

Höhlenabenteuer

Der Höhlenforscher ist in ein Höhlenlabyrinth eingedrungen. Er hat sich durch schmale Felsenkamine gezwängt, hat einen unterirdischen Fluss durchschwommen und ist durch einen niedrigen Gang gekrochen.

MATERIAL HÖHLE
1 Bogen schwarzes Tonpapier
1 Bogen farbiges Tonpapier
spitze Schere
Bleistift
Kleber

Als er sich aufrichtet, fällt der Lichtschein seiner Lampe am Schutzhelm in einen großen Höhlendom mit Tropfsteinen, die von der Decke wachsen. Aus der Dunkelheit tappt etwas auf ihn zu und es kommt zu einer überraschenden, unglaublichen Begegnung: Vor ihm steht ein Saurus-Lupus aus der Familie der Sternenschwänze! Einmalige klimatische Bedingungen haben das urzeitliche Tier hier unten die Stürme oben auf der Erde überdauern lassen. Das Höhlenlabyrinth ist groß. Wer weiß, was in den Nachbarhöhlen sonst noch zu finden ist? Es wäre sicher ein lohnender Stoff für ein Schattentheater.

Schneiden

1 Die Höhle auf schwarzes Tonpapier aufzeichnen.

2 Danach mit einer spitzen Schere alle „Luft" um die Figuren herum und in der Höhle wegschneiden.

3 Den fertigen Scherenschnitt auf ein Untergrundpapier kleben.

VARIANTE

Auch spannende Szenen vom Raumschiff „Enterprise" oder aus dem Wilden Westen können in ihren markanten Umrissformen mit Papier und Schere nachgebastelt werden.

MATERIAL RAUMSCHIFF
Tonpapier
Bunt- und Schmuckpapierreste
Bleistift
Deckfarben
Schere
Kleber

MATERIAL COWBOYS
Bleistift
farbiges Tonpapier
Schere
Hintergrundpapier
Kleber

Packpapier

Indianer am Lagerfeuer

MATERIAL INDIANER
Packpapier
Silhouettenschere
Kleber
Bleistift
Nadel, Stichel
Unterlage

Sie haben Frieden geschlossen und besiegeln ihr Bündnis mit der Friedenspfeife. Das Rauchen des Kalumets, der heiligen Pfeife, war eine wichtige Zeremonie bei den Indianerstämmen der Prärie. Die Pfeifenköpfe wurden aus einem weichen, roten Stein geschnitzt. Das Rohr der Pfeife war verziert und an ihm hingen weiße oder rote Federn: weiße für den Frieden und rote für den Krieg – denn es gab auch Kriegspfeifen.

1 Ein Blatt Packpapier in DIN-A4-Größe in der Mitte zusammenfalten und auf eine Hälfte ein Lagerfeuer und einen Indianer zeichnen.

Schneiden

2 An den Konturen ausschneiden. Mit eingestochenen Punktlinien werden Einzelheiten der Figuren hervorgehoben.

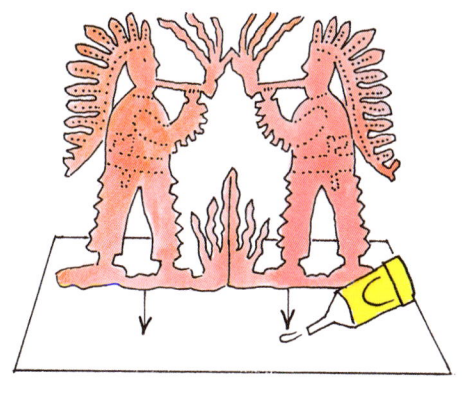

3 Faltschnitt aufklappen und auf andersfarbigen Untergrund kleben, zum Beispiel auf blaues, handgeschöpftes Papier.

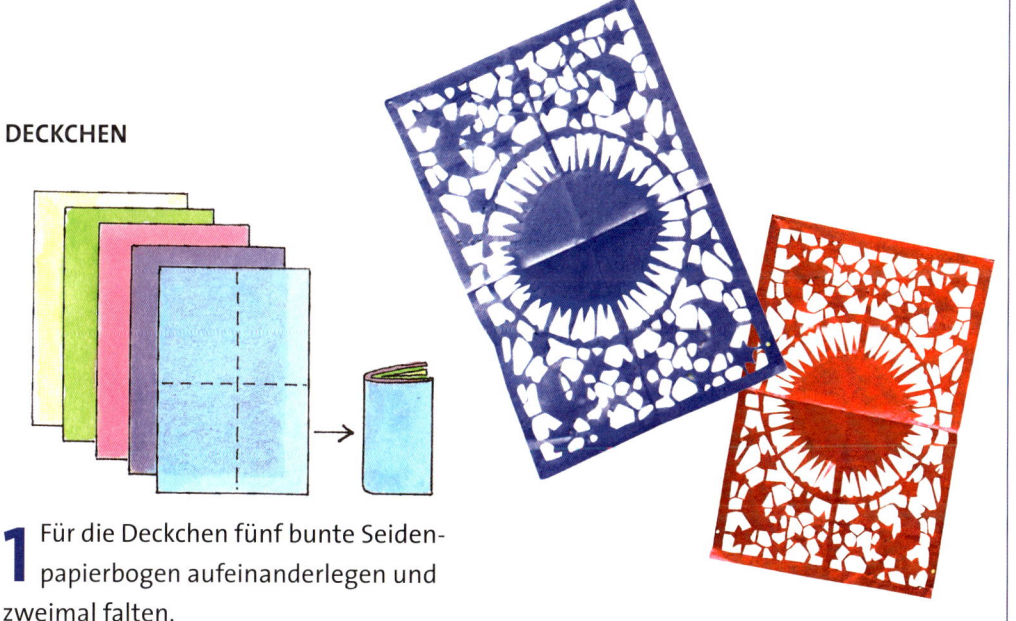

DECKCHEN

MATERIAL DECKCHEN
Seidenpapier
Schreibmaschinenpapier
Unterlage
Silhouttenschere
Stichel
Bleistift

1 Für die Deckchen fünf bunte Seidenpapierbogen aufeinanderlegen und zweimal falten.

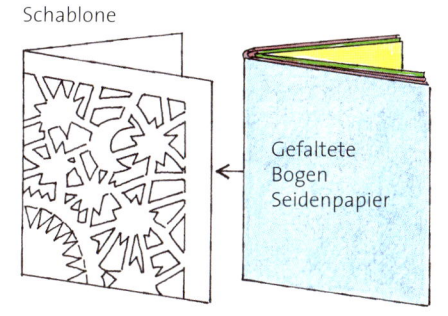

TIPP
Wenn man mit einem Stichel die Einstichlöcher für die Schere vorbohrt, erleichtert man sich die Arbeit.

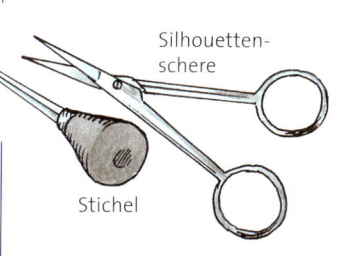

Schablone

Gefaltete Bogen Seidenpapier

Zum Ausschneiden mit Klebeband verschließen

2 Auf ein gefaltetes Schreibmaschinenpapier das Muster vorzeichnen. Einzelne größere Elemente, wie Sonne, Mond und Sterne, sind dabei mit Stegen untereinander verbunden.

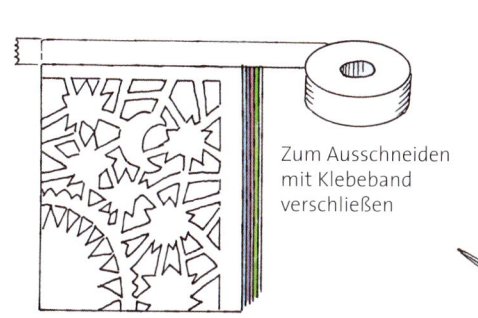

3 Die fünf gefalteten Seidenpapiere in die Schablone legen und mit einer scharfen, spitzen Schere entlang der gezeichneten Linien ausschneiden. Vorsicht, die Stege nicht durchschneiden!

Silhouetten-schere

Stichel

Fotokarton

Auf dem Christkindlmarkt

**MATERIAL
FENSTERBILDER**
Fotokarton
Pergaminpapier
Transparentpapier
Schere oder Cutter
Bleistift
Kleber

*An den Nachmittagen im Dezember wird es schon früh dunkel. In den alten Häusern am Marktplatz werden die Lichter angezündet und die Öfen nachgeschürt.
Auch die Verkaufsbüdchen am Markt sind hell erleuchtet, und sacht beginnt es zu schneien. Das große Fensterbild besteht aus zwölf einzelnen Scherenschnitten.*

Schneiden

1 Die Motive mit Bleistift auf schwarzes Tonpapier zeichnen.

2 Motiv mit einer Schere oder Schneidefeder ausschneiden. Als Rahmen einen fingerbreiten Rand stehen lassen.

3 Wenn die einzelnen Teile mit farbigem Pergaminpapier hinterlegt werden sollen, muss dieses entsprechend zugeschnitten und auf die Rückseite des schwarzen Tonpapiers aufgeklebt werden.

4 Nun das ausgeschnittene Motiv auf das farblose Transparentpapier kleben; so bekommt es wieder Halt.

TIPP
Für die weißen Schneeflocken werden Löcher in das blaue Pergaminpapier des Nachthimmels gestochen.

LATERNE

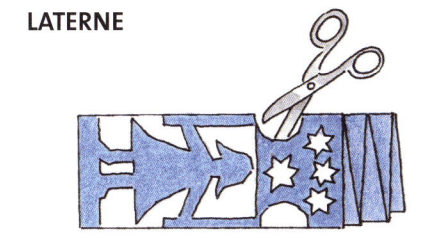

1 Für die Laterne wird ein dunkelblauer Tonpapierstreifen (70 x 35 cm) sechsmal unterteilt und im Zickzack zusammengefaltet. Auf die oberste Seite das Bildmotiv zeichnen und ausschneiden.

2 Den fertigen Scherenschnitt auf Transparentpapier kleben und mit bunten Pergaminpapieren gestalten.

3 Das Papier zur Rundlaterne biegen und als Boden eine Kartonscheibe mit Zackenrand hineinkleben. Teelicht nicht vergessen!

Zacken hochbiegen und an die Innenseite des Zylinders kleben

MATERIAL LATERNE
Tonpapier
Transparentpapier
Pergaminpapier
Karton
spitze Schere
Bleistift
Kleber

Tonpapier

MATERIAL
Projektor
Zeichenpapier
Glasscheiben
schwarzes Tonpapier
Silhouettenschere
Schmuckpapier
Bleistift
Klebeband
Klebestift

Schattenporträt

Jeder hat eine unverwechselbare Silhouette. Als es noch keine Fotografie gab und ein gemaltes Porträt für viele Menschen zu teuer war, konnte man sich für wenig Geld von einem Silhouettenschneider porträtieren lassen. Dieser zauberte, ohne vorzuzeichnen, mit kleiner spitzer Schere, geschultem Auge und flinken Fingern aus einem kleinen schwarzen Papierstück Gesichter von größter Ähnlichkeit.

Schneiden

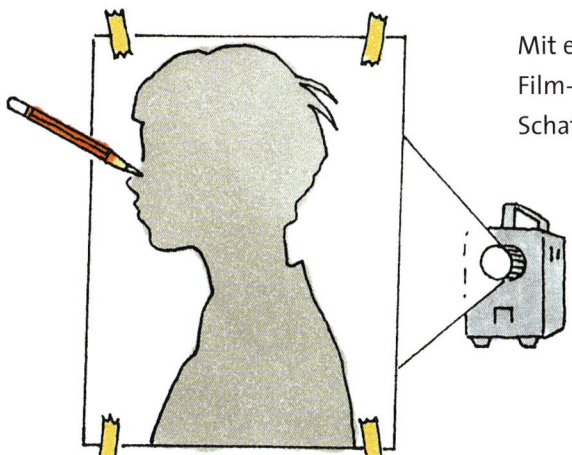

Mit einem Overheadprojektor, einem Film- oder Diaprojektor kann man ein Schattenporträt so herstellen:

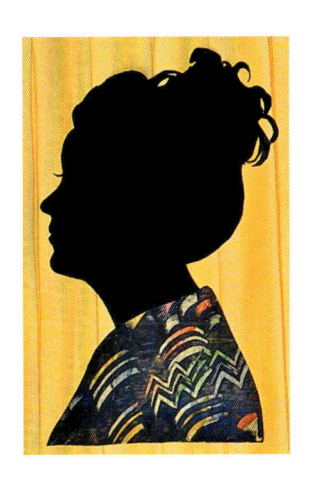

1 Einen Bogen dünnes Zeichenpapier mit Klebeband auf einer Glasscheibe befestigen (z. B. auf der Glasfüllung einer Tür oder eines Schrankes).

TIPP
Wird der Umriss des Körpers nicht auf schwarzes Scherenschnittpapier, sondern auf Schmuckpapier gelegt und ausgeschnitten, so kann man sich einen Pullover mit wildem Kleisterpapier-Muster selbst „stricken" (siehe Seite 78).

2 Der zu Porträtierende sollte sich so nah wie möglich vor die Glasscheibe setzen und von einem Projektor beleuchten lassen. Der Schatten des Kopfes und Körpers wird auf dem Papier deutlich zu sehen sein. Jetzt braucht eine zweite Person den Schatten nur noch mit einem Stift zu umfahren!

3 Das Papier von der Scheibe nehmen und mit Klebeband auf einem Bogen Scherenschnittpapier befestigen. Man bekommt ein Schattenporträt in Originalgröße, wenn beide Papiere entlang der Schattenlinie ausgeschnitten werden. Soll das Porträt nicht so groß sein, muss das Papier mit der Schattenlinie vorher auf einem Kopierer verkleinert werden.

Buntpapier

**MATERIAL
BLUMENSTRAUSS**
2–3 Bogen Zeichenpapier
Deckfarbe
breiter Pinsel
Bleistift
spitze Schere
Untergrundpapier
Klebestift

Herzlichen Glückwunsch!

Früher gab es den schönen Brauch, selbst gemachte Glückwunschkarten zu verschicken: Herzen mit Tauben und Vergissmeinnicht oder Blumensträuße, alles aus Buntpapier ausgeschnitten. Es ist ganz einfach, diese einzigartigen Karten selbst zu basteln.

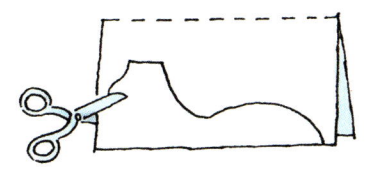

Färben • Schneiden

1 Das benötigte Buntpapier kann man selber herstellen: Für Blätter und Stängel einfach breite Bänder in unterschiedlichen Grüntönen auf weißes Zeichenpapier malen.

2 Für die Blumen wird das Papier mit Streifen in Blautönen, Gelb und Orange, Violett, Rot und Rosa bemalt. Schöne Farbverläufe entstehen, wenn mit einem breiten Pinsel waagerechte Striche einmal mit mehr Farbe, einmal mit mehr Wasser aufgetragen werden.

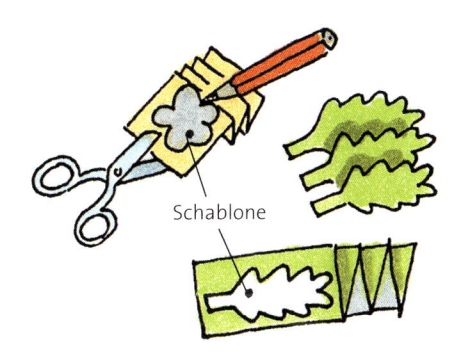

Schablone

3 Wenn die Farbe trocken ist, die Farbbänder ausschneiden und wie eine Ziehharmonika in breiten Falten zusammenfalten.

4 Danach auf die oberste Falte den Umriss eines Blattes, Stängels, einer oder mehrerer Blüten zeichnen. Die Form wird mit spitzer Schere aus dem Papierstapel geschnitten. Das ergibt ohne große Mühe mehrere Exemplare derselben Form.

5 Wenn man so viele Blätter, Blüten und Stängel zusammenhat, dass damit eine Vase gefüllt werden kann, braucht man sie nur noch – wie auf dem großen Bild – aufzukleben.

MATERIAL TÄNZERINNEN
1 Zeichenblatt
Deckfarben
breiter Pinsel
spitze Schere

TÄNZERINNEN

1 Das selbst gefärbte Streifenpapier einmal in der Mitte zusammenfalten.

2 Dann eine Tänzerin aufzeichnen und – unmittelbar an der Falzkante – die halbe Figur der mittleren Tänzerin aufmalen. So entsteht nach dem Ausschneiden ein fröhliches Trio, wenn das Blatt aufgeklappt wird.

Schmuckpapier

Kleisterpapier

Für dieses Schmuckpapier wird gefärbter Kleister auf Papier aufgetragen und mit einfachen Hilfsmitteln ein Muster ausgeschabt.

MATERIAL
Tapetenkleister
Zeichenpapier
dicker Pinsel
Farben (wasservermalbar)
Karton
Schere

Als Untergrund nimmt man am besten Zeichenpapier. Dieses kann weiß oder farbig sein.

Als Kleisterbrei eignet sich der „normale" Tapetenkleister, nicht der „extrastarke". Die Kleisterschicht kann verschieden

Gestalten

bearbeitet werden: Ein Schwamm oder geknüllter Stoff wird wie ein Stempel aufgedrückt und gibt seine Struktur ab. Ein Stückchen Pappe kann in der Kleisterschicht verschoben werden, oder man wischt mit den Fingern Muster hinein. Das typische Kleisterpapiermuster entsteht jedoch durch „Kämmen" mit einem Kamm aus Karton. Da sich das Papier beim Trocknen wellt, muss es wieder glatt gepresst oder gebügelt werden. Mit Kleisterpapier kann man Mappen, Schachteln und Dosen beziehen oder lange Pythonschlangen falten (Faltanleitung Seite 16).

TIPP
Als Kamm nimmt man ein Stück Karton und schneidet Kerben ein. Der Abstand der Kerben kann gleichmäßig oder ungleichmäßig sein.

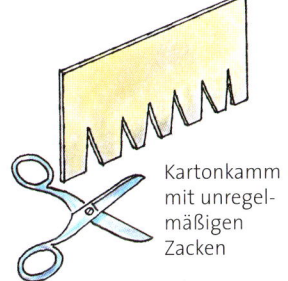

Kartonkamm mit unregelmäßigen Zacken

KAMM-MUSTER

1 Die Kleistermasse wird mit dickem Pinsel auf den Papierbogen aufgetragen, bis sie in einer dünnen Schicht auf dem Papier „schwimmt".

2 Man kann die Kleistermasse mit angerührter Pulverfarbe oder Holzbeize (konzentriert), mit Deck- oder Dispersionsfarbe färben. Auf die Kleisterschicht wird die Farbe mit dem Pinsel nicht aufgestrichen, sondern aufgestupft.

3 Der Kamm wird gerade, kreuz und quer, gewellt, gezackt oder in Kreisen über den Kleister gezogen und hinterlässt dabei Streifenspuren in der Farbe des Papiergrundes.

Schmuckpapier

Batikpapier

MATERIAL TAUCHBATIK
Japanpapier oder
Seidenpapier
Holzbeize oder
Ostereierfarbe
Plastikbecher
Holzleiste
Säge
Schnur

Die Muster der Tauchbatikpapiere entstehen durch Falten, Zusammenpressen, Abbinden, durch Rollen oder Verdrehen des Papiers.
Zum Tauchen und Färben wird Holzbeize oder Ostereierfarbe verwendet. Das Papier muss sehr saugfähig sein. Am besten eignet sich Japanpapier, es ist weich und trotzdem reißfest. Auf dem Foto sind die beiden Papierquadrate vorne aus Japanpapier gebatikt.

Das Japanpapier wird zwei- oder dreimal gefaltet und zusammengepresst. Dann taucht man eine Ecke in Farbe. Hat das Papier ausreichend viel Farbe aufgenommen, wird eine andere Ecke oder Kante in Farbe getaucht. Praktisch ist es, das Papier mit Wäscheklammern festzuhalten. Sind alle gewünschten Stellen gefärbt, wird das Papierpaket zum Trocknen gelegt. Nach dem Öffnen zeigen sich gleichmäßig über das Papier verteilte Farbflecken.

Reservieren

TAUCHBATIK

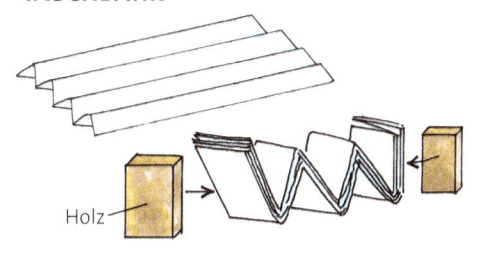

Holz

1 Große Bogen Seidenpapier wie eine Ziehharmonika zusammenfalten, einmal längs, danach quer, und zwischen zwei flache Holzleistenstücke binden.

2 Das Päckchen ganz in Farbe eintauchen. Faltet man das Papier nach dem Trocknen auseinander, ist ein Karomuster entstanden. Ein Streifenmuster entsteht, wenn die zwei Seiten des Päckchens in verschiedene Farben getaucht werden.

Farbe

TROPFBATIK

Für die Tropfbatik der Tüten und Taschen unten links wurde normales Zeichenpapier verwendet. Die Punkte werden mit einer weißen Kerze aufgetropft und das Blatt mit Farbe übermalt.
Alle Wachstropfen erscheinen nun weiß. Ist der Bogen trocken, werden neue Wachstropfen aufgesetzt und mit einer anderen Farbe überstrichen. Diesen Vorgang kann man beliebig oft wiederholen. Wie die Tütenform geklebt wird, steht auf Seite 92. Ein Teelicht hineingesetzt – und durch die Punkte leuchtet farbiges Licht!

BATIK MIT DEM PINSEL

Pinselbatik schmückt das Papier der dunklen Tüten rechts daneben. In schwungvollen Zügen wird das heiße Wachs aufgemalt oder aufgespritzt. Unterschiedliche Farben der Holzbeize werden in Streifen oder in Flecken Nass in Nass darübergemalt. Das Wachs wird zwischen mehreren Lagen Zeitungspapier oder Küchenkrepp mit einem heißen Bügeleisen wieder zum Schmelzen gebracht. Das Papier saugt das flüssige Wachs dabei auf.

MATERIAL TROPFBATIK
weiße Kerzen
Zeichenpapier
Holzbeize oder Ostereierfarbe
breiter Pinsel
Küchenkrepp oder Zeitungspapier
Bügeleisen

MATERIAL PINSELBATIK
weiße Wachsreste
Konservendose
Töpfchen mit Wasser
Pinsel
Packpapier
Holzbeize
Küchenkrepp oder Zeitung
Bügeleisen

TIPP
Andere Muster entstehen durch unterschiedliche Falten, z. B. diagonale Falten oder alle Ecken zur Mitte usw.

Schmuckpapier

Fensterhühner

Milde Frühlingsluft liegt über dem Land und erstes Weidegrün wagt sich aus dem Wintergrau. Weiße Schlehenhecken sprenkeln den Feldrain hinter kahlen Rebstockreihen und vereinzelte Mandelbäume tupfen ihr Rosa vor sienabraune Äcker. Freudig aufgeregte Hühner laufen über Fensterscheiben: Es ist Ostern!

MATERIAL
dünnes, weißes Papier
Ostereierfarben
Borstenpinsel
Haarpinsel
Stövchen mit Teelicht
weiße Kerzenreste
Zeitungspapier
unbedrucktes Papier
Bügeleisen
Schere, Bleistift

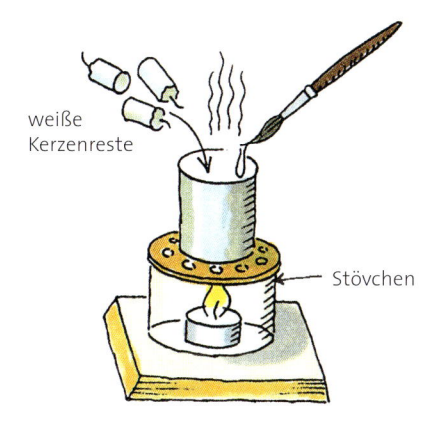

Reservieren

1 Den Arbeitsplatz mit mehreren Lagen Zeitungspapier gut abdecken. Weiße Kerzenreste in einer Blechdose über einem Stövchen mit Teelicht schmelzen. Nicht die Herdplatte verwenden, denn das Wachs könnte dort Feuer fangen.

2 Gläser mit aufgelöster Ostereierfarbe in Rot, Gelb und Blau bereitstellen. Aus diesen Grundfarben werden in weiteren Gläsern die Farben Orange, Grün und Lila gemischt.

TIPP
Die Fensterbilder aus Batikpapier am besten in der Küche basteln, denn dort kann verschüttete Farbe am schnellsten aufgewischt werden.

3 Mit einem Bleistift wird die Umrissform des Hühnchens auf das weiße Papier gezeichnet. Wenn das Wachs geschmolzen ist, mit einem Borstenpinsel und dem flüssigen Wachs alle Stellen, die weiß bleiben sollen, bemalen.

4 Anschließend wird das Huhn mit Ostereierfarben bemalt. Nach dem Trocknen können erneut Wachsflecken oder -streifen aufgetragen werden, die anschließend mit Eierfarbe übermalt werden. So entstehen neue Farbkompositionen.

5 Ist das Bild fertig und trocken, wird es auf mehrere Zeitungen gelegt. Darüber kommt ein Bogen unbedrucktes Papier. Nun mit dem Bügeleisen darüberfahren, bis das Wachs unter dem Papier geschmolzen und das ganze Bild mit Wachs getränkt ist.

6 Danach die Wiese und das Huhn im Umriss ausschneiden und mit durchsichtigem Klebefilm an einer Fensterscheibe anbringen.

TIPP
Den Pinsel gut auswaschen, bevor er in eine andere Farbe getaucht wird. Die Farbe in den Gläsern ist sonst zu schnell verschmutzt.

Schmuckpapier

MATERIAL ÖLTUNKPAPIER
Papier
flache Wanne
Künstler-Ölfarben
Pinsel oder Holzstäbchen
Terpentinöl
Wasser
Zeitungspapier

Terpentin Ölfarbe

Marmorpapier

Als „Türkisch Papier" wurde Marmorpapier in den vorigen Jahrhunderten für Bucheinbände benutzt. Die Herstellung komplizierter Muster war ein streng gehütetes Geheimnis.

Beim Marmorieren schwimmt die Farbe auf einem Grund, von dem sie mit Papier abgenommen wird. Es gibt verschiedene Arten, Marmorpapier herzustellen.

Die hier beschriebenen Techniken sind die einfacheren und basieren auf der Tatsache, dass sich Öl und Wasser nicht miteinander mischen.

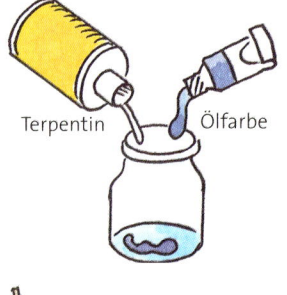

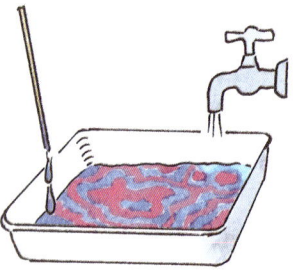

MARMORIEREN AUF WASSER:
Für dieses Papier, auch Öltunkpapier genannt, wird eine Schüssel oder Wanne mit Wasser gefüllt. Sie sollte nicht viel größer als der Papierbogen sein. Zum Verdünnen der Ölfarbe werden 2–3 cm Farbe aus der Tube in ein Glas gedrückt und mit Terpentinöl verrührt, bis sie flüssig vom Pinsel rinnt.
Mit dem Pinsel wird die Farbe auf das Wasser getropft. Sie breitet sich sofort aus und bildet einen kaum sichtbaren Film auf der Wasseroberfläche. Mehrere Farben werden so aufgetropft.
Mit Papier wird das Muster abgenommen. Dabei fasst man das Papier an zwei diagonal gegenüberliegenden Ecken, legt es, mit der durchhängenden Mitte zuerst, rasch auf die Wasseroberfläche und nimmt es gleich wieder hoch. Das Muster zeichnet sich deutlich auf dem Bogen ab. Restfarbe auf der Wasserfläche wird mit Zeitungspapier abgenommen.

Marmorieren

MARMORIEREN AUF KLEISTERGRUND:
Dickflüssiger Kleister wird 2–3 cm hoch in eine Wanne gefüllt. Auf ihm lassen sich, im Gegensatz zum „Wassergrund", präzisere Muster herstellen.

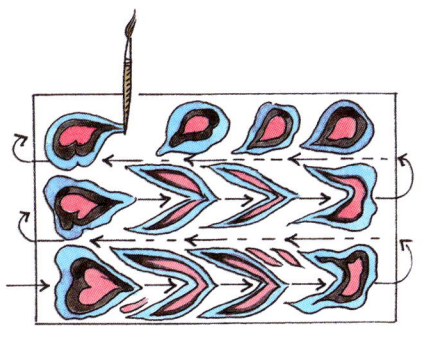

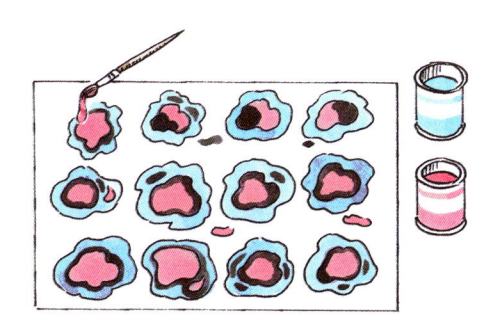

1 Mit einem Pinsel oder einem Stäbchen wird in gleichmäßigen Reihen die verdünnte Ölfarbe aufgetropft. Ob sich die Tropfen weiter ausbreiten oder ob sie konzentriert an einer Stelle bleiben, hängt von der Flüssigkeit des Kleisters und der Farbe ab.

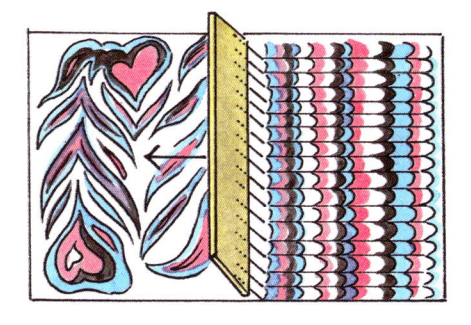

2 Mit einem Stäbchen werden nun Linien durch die Tropfen und den Kleister gezogen.

3 Mit einem Kamm, der aus einem Streifen Karton, Zahnstochern und einem Packband schnell gefertigt ist, kann das typische Wellenmuster hergestellt werden.

4 Wie beim Marmorieren auf Wasser wird das Muster mit dem Papier abgehoben. Mit der Musterseite nach oben legt man dann das Papier auf ein Unterlagenbrett – am besten aus Plastik – und spült den Kleister unter fließendem Wasser ab. Ideal ist das Abbrausen mit einer Dusche.

5 Die Farbreste auf der Kleistermasse in der Wanne werden mit Zeitungspapier entfernt: Es werden so oft wannengroße Zeitungsbögen aufgelegt und damit die Farbe abgehoben, bis der Kleister sauber ist.

MATERIAL MARMORPAPIER
festes Papier
flache Wanne
Künstler-Ölfarben
Terpentinöl
Wasser
Pinsel oder Holzstäbchen
Kamm (oder Karton, Zahnstocher und Packband)

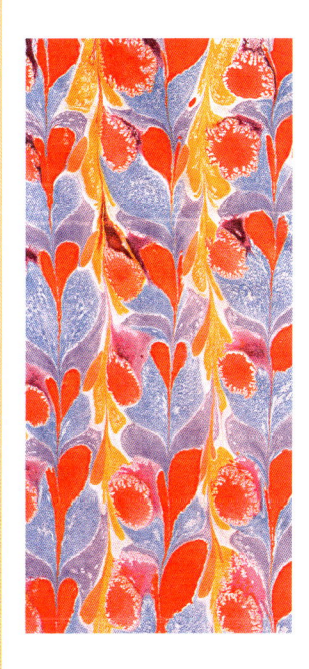

TIPP
Zum Marmorieren eignen sich am besten kräftiges Zeichenpapier, Packpapier und Ingresbütten. Das Papier muss fest sein, damit es beim Abspülen mit Wasser nicht aufweicht und reißt.

ACHTUNG!
Für gute Durchlüftung des Raumes sorgen oder im Freien arbeiten.

Schmuckpapier

Im japanischen Garten

MATERIAL
Schmuckpapier (s. S. 84)
Origami-Faltpapier
Wattebälle

Vier kleine Japanerinnen haben sich zu einem Spaziergang im Park getroffen. Ihre farbenprächtigen Kimonos leuchten im Marmor-Design.

UNTERKLEID

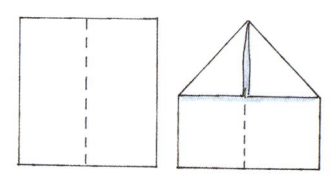

1 Der Kimono und das Unterkleid der Japanerin bestehen jeweils aus einem Quadrat. Mittellinie knicken und die Ecken einschlagen.

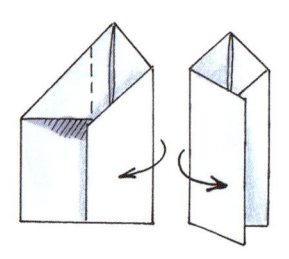

2 Auch die Seiten einschlagen. Ihre Schnittkante liegt fingerbreit über der Mittellinie.

86

Falten

KIMONO

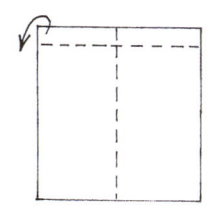

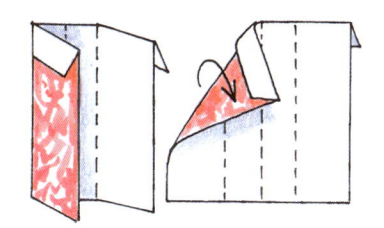

1 Die Mittellinie des Quadrats knicken und die obere Seite fingerbreit nach hinten falten.

2 Nun die Seiten und anschließend die Ecken fingerbreit über die Mittellinie falzen.

3 Die Seiten nach innen übereinanderschlagen.

4 Das Unterkleid wird in den Kimono geschoben. Ein Watteball wird als Kopf auf einen Zahnstocher gesteckt und dieser in der Mitte des Kimonos platziert.

Watteball

Zahnstocher

Falt-Falter

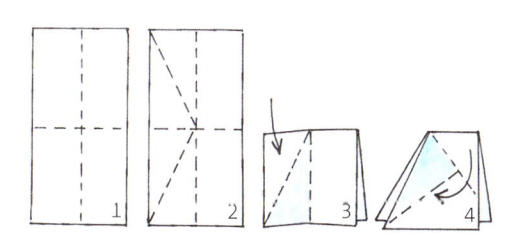

1 Das Mittelkreuz knicken. Nun die Diagonale knicken. Fläche nach innen drücken. Eine Ecke knicken.

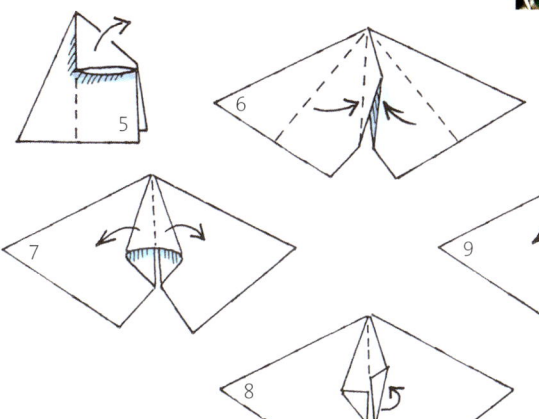

2 Die Ecke wieder zurückfalten. Jetzt das Papier öffnen und die Ecke hochstellen. Die Ecke zur „Spitztüte" flach drücken. Nun die Seiten zur Mittellinie falten.

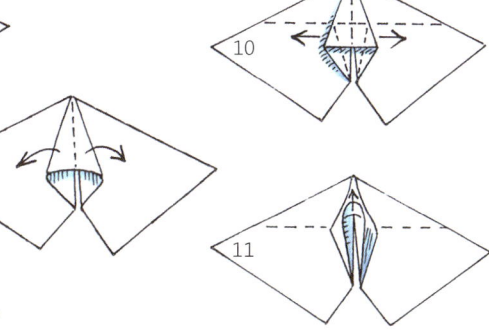

3 Die Spitze nach hinten knicken und wieder hochschlagen. Die Falten und die „Spitztüte" öffnen. Die Tüte nach oben ziehen und die Spitze nach hinten falten.

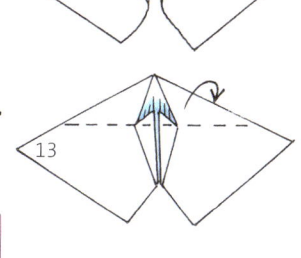

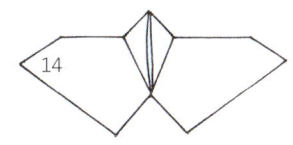

87

Faltpapier

Blumenstab

Windradbaum

Sein Stamm ist ein Besenstiel und seine Krone ein Bündel Stroh, seine Äste sind Blumenstäbe und seine Blätter fast hundert Windräder aus Faltpapier, die sich im Wind munter drehen. Er wurzelt fest in einem Sonnenschirmständer oder einem Ständer aus Leisten.

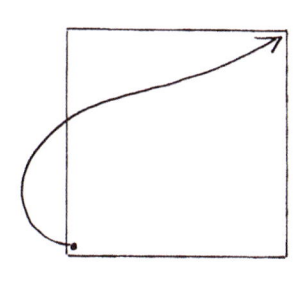

Falten

MATERIAL
Besenstiel
Bretter
Stroh
Schirmständer
Schnur
Blumenstäbe
Faltpapier
Stecknadeln

1 Faltpapier diagonal Ecke auf Ecke legen und leicht (!) falzen.

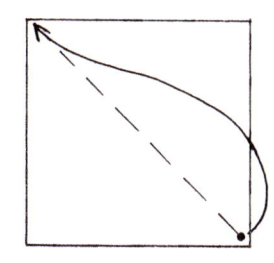

2 Papier wieder öffnen, Restecken zusammenführen und die Diagonale ebenfalls durch leichtes Falzen markieren.

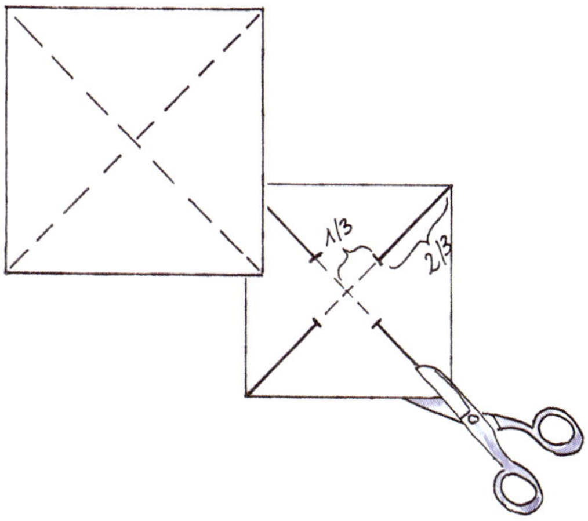

3 Das Papier öffnen und von den Ecken aus zum Mittelpunkt einschneiden.

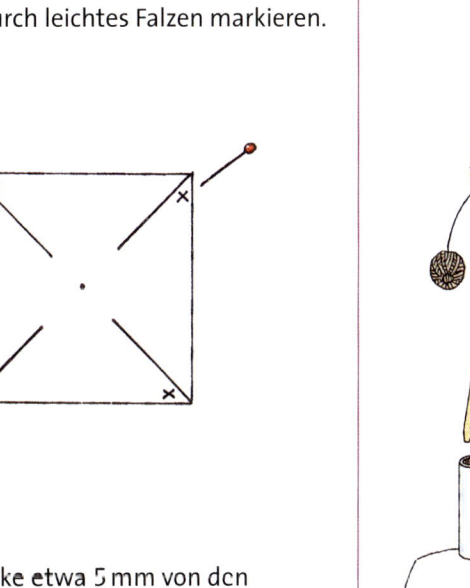

4 Jede Ecke etwa 5 mm von den Schnittkanten mit einem Nadelstich markieren.

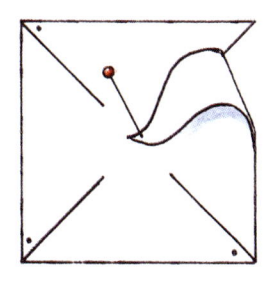

5 Nacheinander jede markierte Ecke auf die Stecknadel stecken.

6 Die Nadelspitze durch den Mittelpunkt des Faltpapiers stechen, eine Perle als Abstandhalter aufnehmen und im Rundholz feststecken.

Stroh

Besenstiel

TIPP
Für den Windradbaum kann man einen Extra-Holzständer bauen, in dem der Besenstiel verkeilt wird:

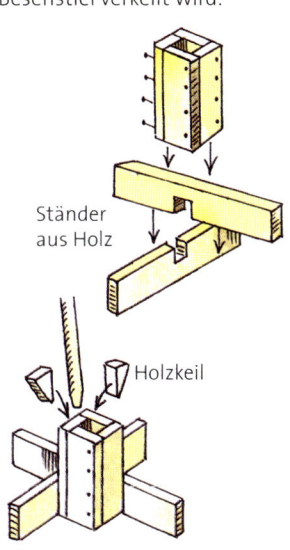

Ständer aus Holz

Holzkeil

Faltpapier

Himmelsstürmer

Ein Blatt Papier geht in die Luft, als Drachen oder Pfeil erforscht es das Himmelsblau.

Der „Pfeil" ist ein klassischer Faltflieger. Er schießt schnell in die Höhe und kehrt in weitem Gleitflug zur Erde zurück. Für einen gelungenen Flug sorgt die richtige Abwurftechnik: Wenn man zu fest abwirft, fliegt er nicht; und wenn man zu locker abwirft, fliegt er auch nicht.

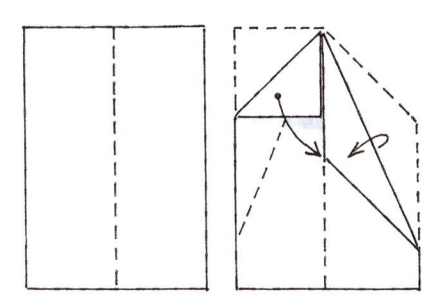

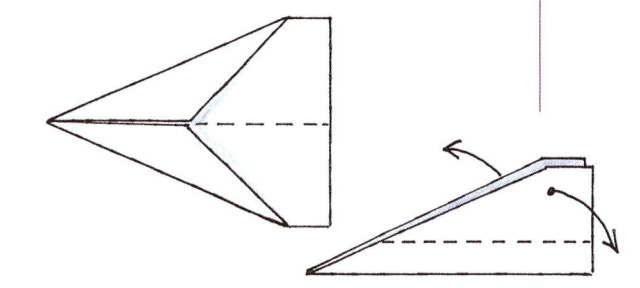

Falten

1 Ein DIN-A4-Blatt senkrecht in der Mitte falten und wieder auseinanderklappen. Die oberen Ecken zur Mitte falten, sodass ein Rechteck mit Dach entsteht. Das Dach nach unten falten und die Bugkante zur Mittellinie schlagen.

3 Die Flügelenden hochschlagen.

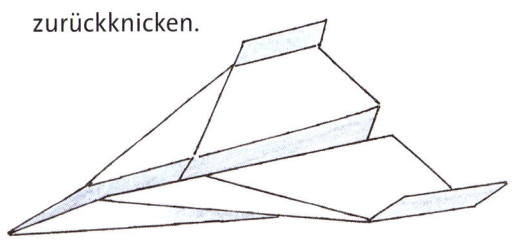

2 Das entstandene spitze Dreieck in der Mitte zusammenfalten. Am Mittelbruch halten und die Flügel zurückknicken.

MATERIAL FALTFLIEGER
Schreibpapier DIN A4

SCHLITTENDRACHEN

Nur einen Bogen DIN-A4-Papier braucht der Schlittendrachen. Mit Nähgarn, etwas Klebeband und bunten Krepppapierstreifen ist er schnell gebastelt. Ein günstiger Aufwind verhilft ihm zu einem guten Start.

1 Die Ecken des Papierbogens, wie auf der Zeichnung angegeben, kappen. Mit Klebeband die Löcher für die Waageschnur vor dem Einstecken sichern.

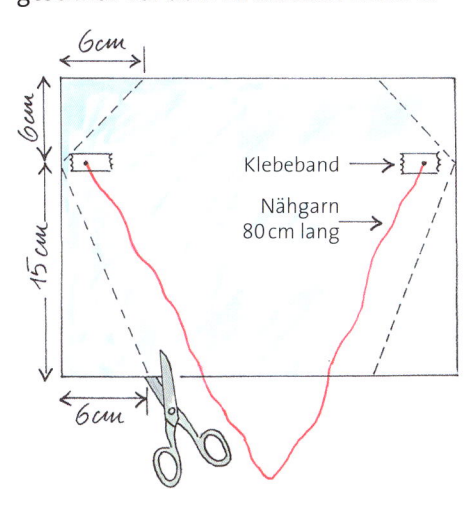

2 Die Waage befestigen. In ihrer Mitte eine kleine Schlingenöse knüpfen und daran eine Spule Nähgarn befestigen. Einen Schwanz aus Krepppapier ankleben.

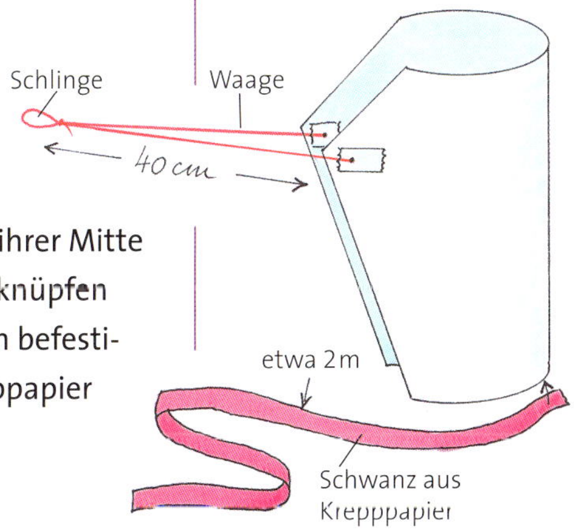

MATERIAL DRACHE
Schreibpapier DIN A4
Klebeband
Schere
Faden
Krepppapier
Lineal
Bleistift
Ahle

Packpapier

**MATERIAL
HANDSPIELPUPPEN**
spitze Obsttüte
Deckfarben

Aus spitzen Obsttüten entstehen so Handspielpuppen in Vogelform:

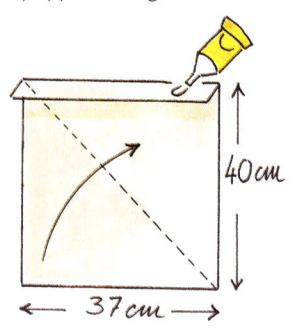

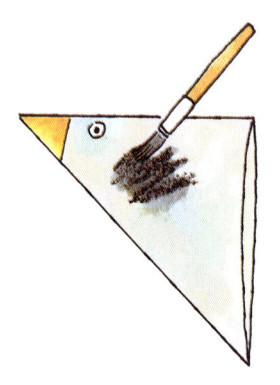

**MATERIAL
NIKOLAUSTÜTEN**
Packpapier
Pinsel
Deckfarben
Kleber

Nikolaustüten

*Selbst bemalte Tüten warten auf den Nikolaus.
Aus Packpapier sind diese großen Tüten schnell gemacht.
Wenn am Morgen ein Zweig am Henkel steckt, wissen
die Kinder: Der Nikolaus ist
da gewesen!*

1 Packpapier zusammenfalten, auf der Unterseite fingerbreiten Überstand lassen. Überstand auf die Oberseite kleben.

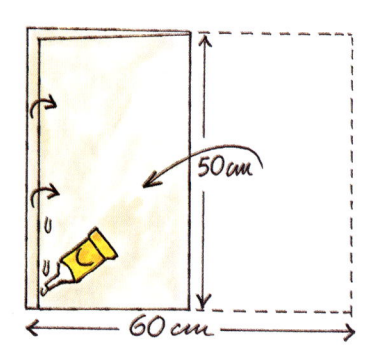

Falten

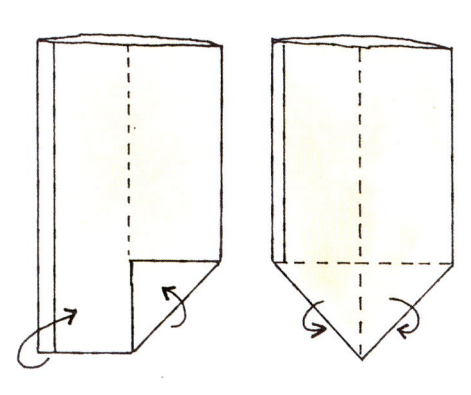

2 Längsseiten aufeinanderlegen und Mittelbruch falten. Untere Ecken auf den Mittelbruch schlagen.

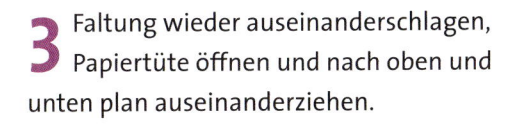

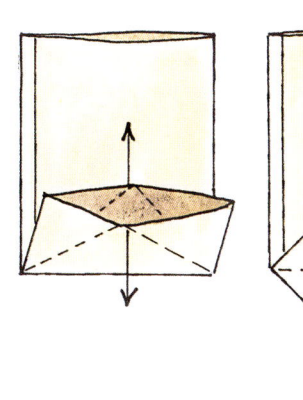

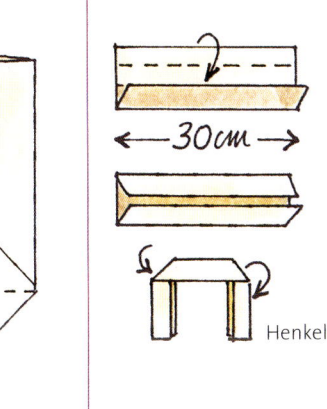

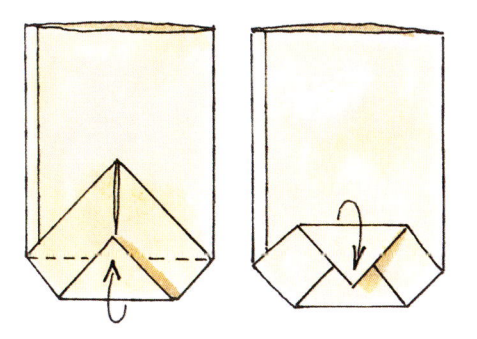

3 Faltung wieder auseinanderschlagen, Papiertüte öffnen und nach oben und unten plan auseinanderziehen.

4 Spitzen etwas über die Mitte zurückschlagen, dabei die obere auf die untere kleben. Aus Packpapierstreifen einen Henkel falten und ankleben.

← 30 cm →

Henkel

MATERIAL LATERNENTÜTE
Packpapier
Schere
Teelicht
Doppelklebeband

LATERNENTÜTE

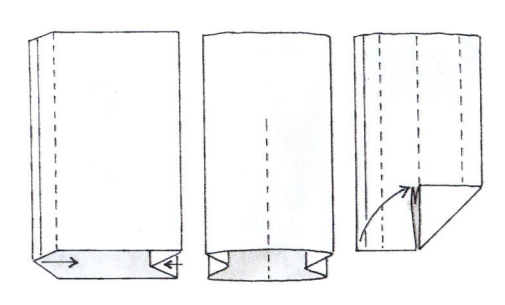

Mit spitzer Schere werden die Gesichter aus den Laternentüten geschnitten. Die Tüten sind seitlich gefalzt und ein eingelegter Boden aus Pappe spreizt die Wände auseinander.

93

Faltpapier

Überraschungsstern

24 Sterne hängen in der Adventszeit im Zimmer. Jeden Tag darf ein Stern geöffnet werden, sein Inhalt versüßt die Zeit des Wartens auf das Weihnachtsfest.

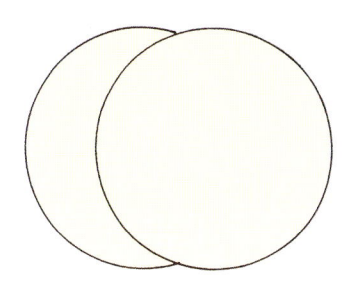

Falten • Schneiden

1 Zwei Scheiben aus gelbem Tonpapier ausschneiden. Jede Scheibe dreimal zusammenlegen. In den Randbogen eine Sternenzacke schneiden.

2 Die Sternenscheiben auffalten und jeweils einmal bis zur Mitte einschneiden. Alle Falzkanten mithilfe der Scherenspitze und einem Lineal anritzen.

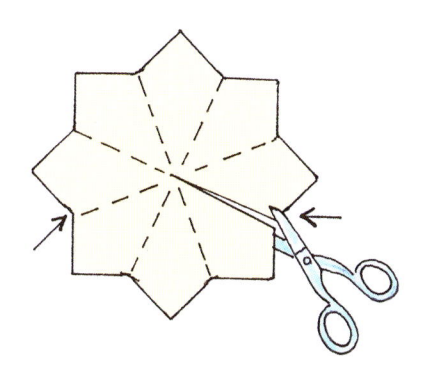

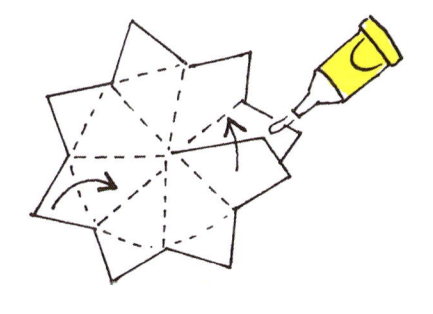

3 Je ein Sternsegment über das andere schieben und zusammenkleben. Die Zacken nach innen drücken und wieder zurückschlagen.

4 Beide Sternhälften an den Zacken zusammenkleben. Eine Zacke offen lassen.

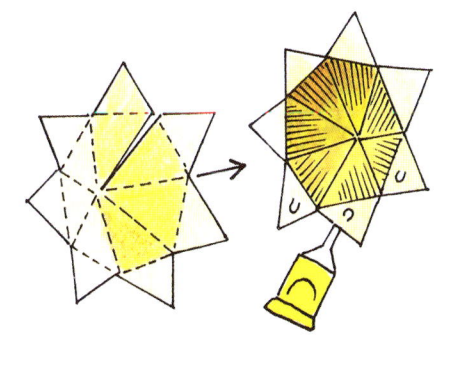

5 Kleine Überraschungen durch die Öffnung einfüllen und dann diese mit einer Bandschlaufe schließen.

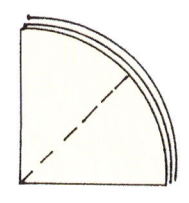

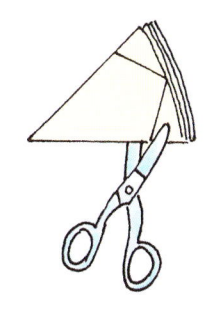

TIPP
Durch das Anritzen der Falzkanten auf derselben Papierseite lässt sich die Kegelspitze in der Mitte des Sterns besser formen.

MATERIAL
Tonpapier
Schere
Lineal
Kleber
Bändchen

Fotokarton

MATERIAL BAUWERK
Fotokarton
Schere

Kartenschloss

Mit bunten Wänden wächst das luftige Bauwerk in den Raum. Bizarre Dachreiter krönen seine Giebel.

Konstruieren

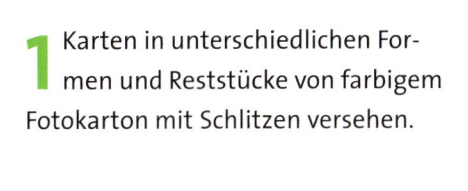

1 Karten in unterschiedlichen Formen und Reststücke von farbigem Fotokarton mit Schlitzen versehen.

2 Die Teile nun ineinander- und übereinanderstecken und das fertige Bauwerk mit lustigen Dachreitern bestücken.

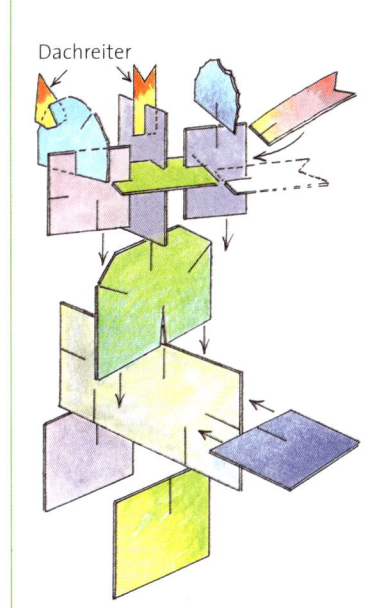

Bauelemente

Dachreiter

KASPERWIPPE

1 Die Kasperfigur doppelt ausschneiden und an Kopf und Oberkörper zusammenkleben.

2 Aus Packpapier die Pluderhose schneidern und mit weißen Bommeln schmücken. Die Halskrause aus Schreibmaschinenpapier falten und ankleben.

3 Da der Deckel der Käseschachtel übersteht, die Bodenschachtel mit einem Kartonstreifen umkleben und somit auf gleiches Niveau bringen.

4 Bevor die Schachtel geschlossen wird, eine Murmel hineinlegen. Sie lässt den Kasper ruckartig schaukeln. Um die gesamte Schachtel einen Streifen Papier mit eingeschnittenen Zickzackrändern kleben; er hält die Hälften zusammen.

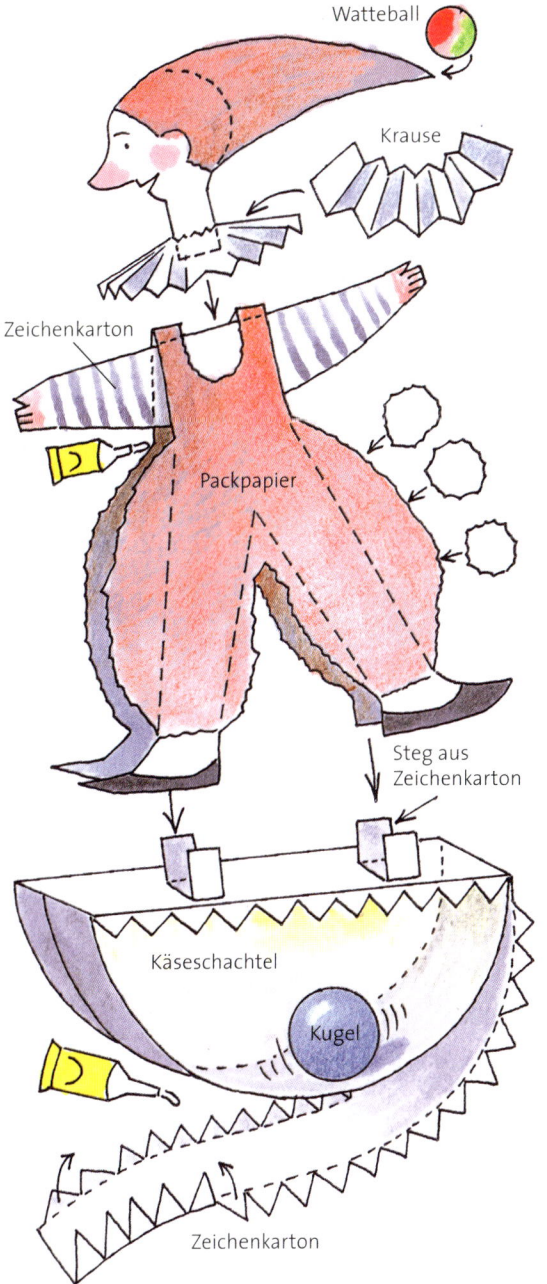

Watteball
Krause
Zeichenkarton
Packpapier
Steg aus Zeichenkarton
Käseschachtel
Kugel
Zeichenkarton

MATERIAL KASPER
dünner Zeichenkarton
Packpapier
Schere
Deckfarben
Käseschachtel
Gewicht
Kleber

97

Zeichenkarton

Im Unterwassergarten

Leuchtende Fische mit blauem Bauch und bunten Streifen gleiten stumm durch die Unterwasserwelt. Das „Aquarium ohne Wasser" wird in einer Schachtel angelegt.

MATERIAL AQUARIUM
Schachtel
Schere
Tonpapier
Fotokarton
dünner Zeichenkarton
Ölkreiden
Deckfarben

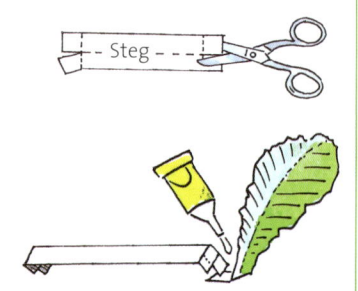

1 Eine Schachtel mit schwarzem Papier auslegen.

2 Stege aus schwarzem Fotokarton zuschneiden, die Enden umknicken und Pflanzen oder Fische mit Kleber daran befestigen. Die Stege nun an der Rückwand der Schachtel festkleben.

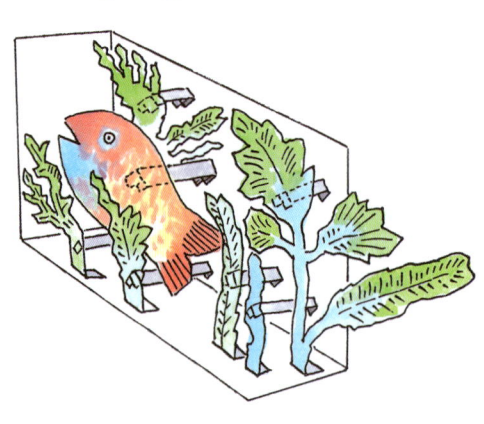

Plastisch Gestalten

BLUMENSCHALE

Für das Geburtstagskind haben die kleinen Gäste selbst gemalte Blumen mitgebracht. In dieser Pflanzschale können die Blumen immer wieder neu arrangiert werden.

kleine Öffnung

MATERIAL BLUMEN
fester Zeichenkarton
dünner Zeichenkarton
Ölkreiden
Schere

1 Pflanzenschale auf festem Zeichenkarton aufmalen. Kleine Öffnungen für die Blumen in die Schale schneiden.

2 Mit Ölkreiden bunte Blumen auf dünnen Zeichenkarton malen, ausschneiden und durch die Öffnungen stecken.

MARKTSTAND

Im Schachteldeckel hat eine Blumenfrau ihren kleinen Marktstand eröffnet.

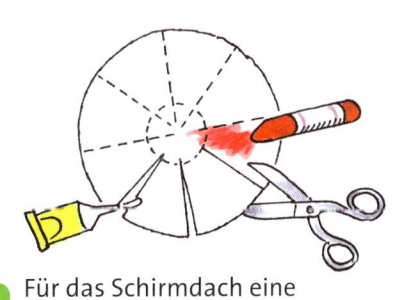

MATERIAL MARKTSTAND
Schachteldeckel
festes Zeichenpapier
Filzstifte
Kleber
Schere

1 Alle ausgeschnittenen Figuren und Pflanzen im Schachteldeckel sind mit Filzstiften bemalt und stehen auf geknickten Stegen.

2 Für das Schirmdach eine Scheibe Papier gleichmäßig einschneiden, an den Schnittkanten nach innen verschieben und festkleben.

Papierstreifen

3 Den Sonnenschirmständer aus gerolltem Papier oben und unten einschneiden, die Streifen auseinanderdrücken. Oben den Schirm ankleben, um den Fuß zur Standfestigkeit einen Papierstreifen wickeln und festkleben.

99

Zeichenkarton

Zauberkästen

Mitternacht ist vorüber. Über Burg Wackerstein huscht ein Flügelwesen. Wer ist es – Batman? Nein, oh Schreck, es ist der Graf aus Transsilvanien, gefangen in einem Schuhkarton!

MATERIAL
ZAUBERKASTEN
Karton
Pappe
Zweige
Zeitungspapier
Kleister
Deckfarbe
Beleuchtung

In weiteren Kästen ist noch mehr zu sehen: „Atlantis, versunkene Stadt auf dem Meeresgrund", „Der Kampf mit der Riesenspinne", „Feuerwerk über den Pyramiden", „Shuttleflug durchs All" oder „Karl Käfer tanzt mit seiner Gattin auf dem Wiesenfest". Einen Cent kostet der Blick durch das Guckloch!

Konstruieren

1 Die Innenteile des Zauberkastens aus Papier schneiden und bemalen oder aus Kleisterpapier formen. Die Teile gestaffelt hintereinander an Boden oder Decke befestigen.

2 Durch Löcher, seitlich oder in die Decke der Schachteln geschnitten, die plastischen Papierszenerien mit Taschenlampen oder „Schwarzlicht-Glühbirnen" wirkungsvoll erhellen.

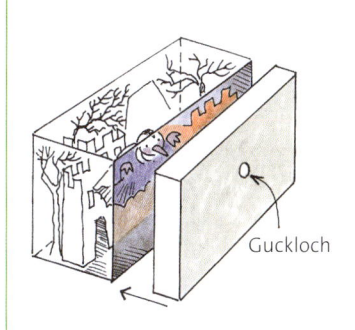

Guckloch

GUCKKASTEN-DIORAMA

Beim Blick in das Guckkasten-Diorama verliert sich das Auge weit in den unvermuteten Fernen einer abenteuerlichen Bergwelt. Das Diorama wird am besten mit der offenen Rückseite an ein Fenster gestellt oder mit einer Lampe von hinten her beleuchtet.

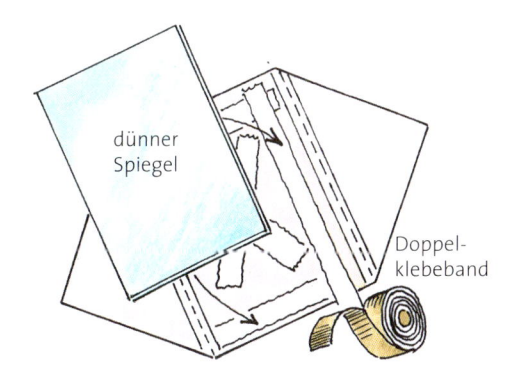

dünner Spiegel

Doppelklebeband

1 Auf einen Kasten aus festem Karton, der oben und an seiner Rückseite offen ist, einen schrägen Aufsatz stellen. Der Aufsatz ist unten offen. An seine schräge Innenseite (Winkel: 45 Grad) einen Spiegel kleben.

Winkelschiene

45°

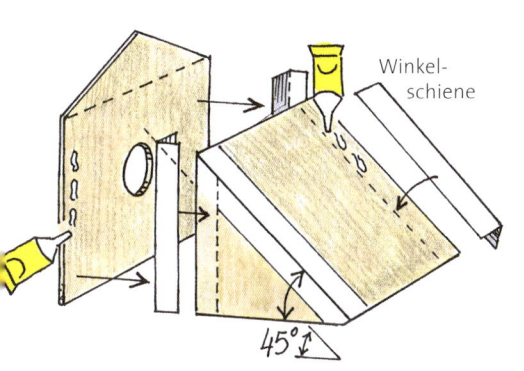

2 Die Führungsleisten aus Holz sind für die Kulissenbilder. Diese auf festen Zeichenkarton malen, ausschneiden und auf einen Rahmen aus Pappe kleben. Den herausgeschnittenen Mittelteil der einzelnen Kulissen von Bild zu Bild, von unten nach oben, immer größer werden lassen.

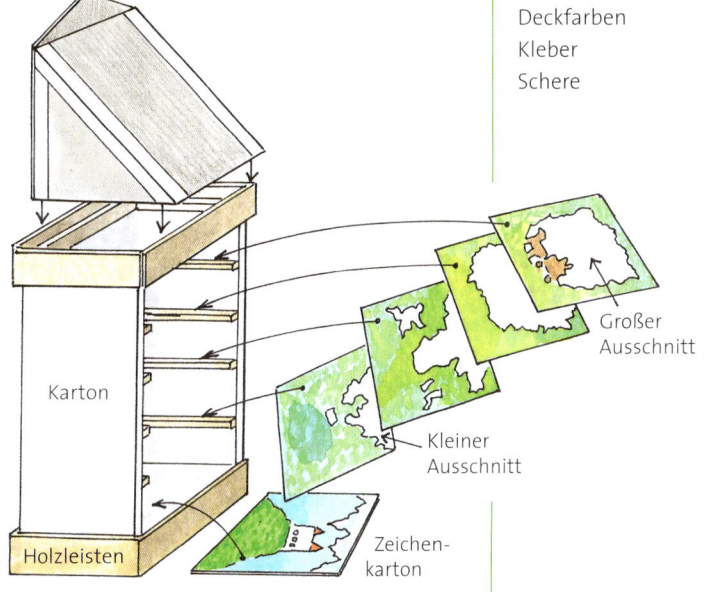

Karton

Holzleisten

Großer Ausschnitt

Kleiner Ausschnitt

Zeichenkarton

MATERIAL GUCKKASTEN-DIORAMA
großer, fester Karton
Kartonstücke
Spiegel
Doppelklebeband
Packband
Holzleisten
Zeichenkarton
Deckfarben
Kleber
Schere

Zeichenkarton

**MATERIAL
THEATERGEBÄUDE**
kräftiger Zeichenkarton
Klebeband
Cutter
Bleistift
Lineal

Papiertheatertänzer

Die Bretter, die für sie die Welt bedeuten, bestehen aus Karton und ein seidenes Fädchen erweckt sie zum Leben. Während Graf Conte gerade der schönen Tusnelda seine Liebe ins Ohr flüstert, worauf diese verzückt lächelt, bekommt Peppino einen roten Kopf: Das hätte er nicht von seiner Freundin gedacht!

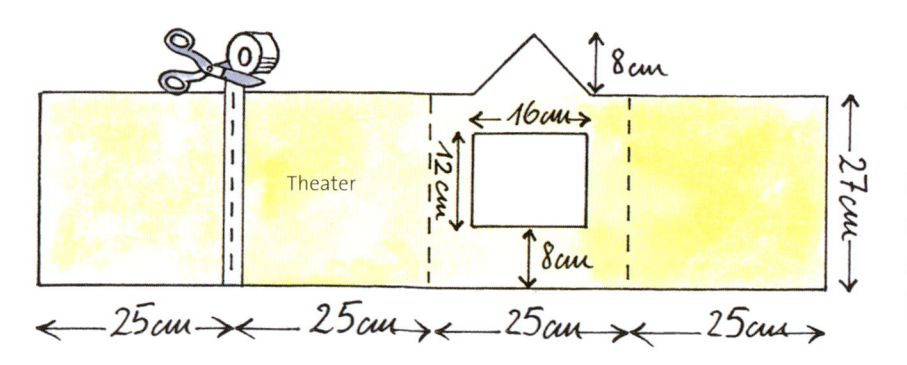

1 Das Theatergebäude besteht aus vier weißen Kartonwänden. Die Wände mit dem Cutter einzeln zurechtschneiden und auf der Innenseite mit Klebeband aneinanderkleben.

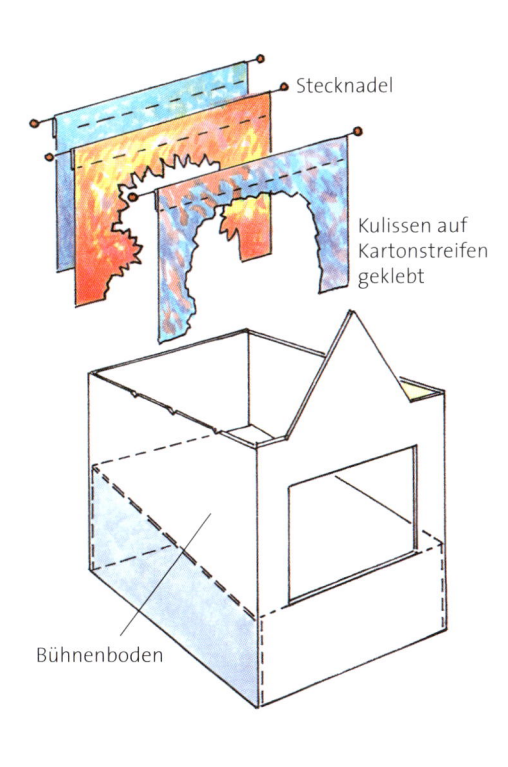

Konstruieren

2 Die Kulissenwände aus farbigen Papieren reißen oder schneiden und auf Kartonstreifen kleben. In den Seiten Stecknadeln fixieren; so kann man die Kulissen einfach in die Bühne hängen.

3 Der Bühnenboden ist dreiteilig. Weil er nach hinten leicht ansteigt, ist der hintere Streifen etwas höher als der vordere. Ein Buch, unter den Boden geschoben, gibt der Bühne einen sicheren Stand.

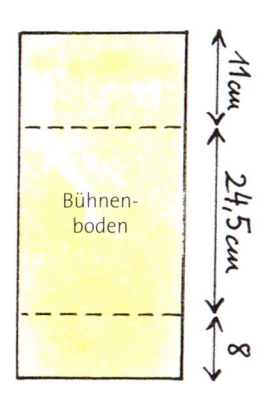

TIPP
Wenn der Bühnenzauber vorbei ist, kann das Theater schnell wieder abgebaut werden: Nur zwei Klebestreifen lösen – und der Bühnenboden und das Theatergehäuse können flach zusammengelegt werden.

FIGUREN

1 Die Figuren bastelt man aus Kartonstückchen, Wattebällchen, Streichhölzern, Ton- und Buntpapier. Den Körper bildet ein Stück Wellpappe.

MATERIAL FIGUREN
Kartonstücke
Wattebällchen
Streichhölzer
buntes Papier
Nähgarn
Schere
Kleber

2 Arme und Beine aus Tonpapier rollen und mit dünnem Faden locker an den Körper kleben oder knoten. Aus Streichhölzern sind Nase und Füße.

3 Einen flotten Hut mit schöner Feder aus Buntpapier falten. Die große Haarlocke besteht ebenfalls aus gerolltem Papier.

Papprollen

MATERIAL STABPUPPEN
verschiedene Pappröhren
Holzleisten
Blumendraht
Kleber
Dispersionsfarbe
Deckfarbe

Das Biest des Monsieur Racine

Jede Nacht wird der Garten von Monsieur Racine von einem Birnendieb heimgesucht. Der alte Kavallerist will ihn fassen. Er baut eine Falle, legt sich auf die Lauer – und fängt ein ganz seltsames Tier, das sich mit Leckereien zähmen lässt. Der Mann und das Tier werden Freunde. Monsieur Racine denkt sich immer neue Dinge aus, die dem Tier Spaß machen. Es dauert eine Weile, bis das merkwürdige Tier sein Geheimnis vor Monsieur Racine und den anderen lüftet. Aus dieser Bilderbuchgeschichte von Tomi Ungerer ensteht ein Figurentheater mit selbst gebauten Stabpuppen.

Gestalten

1 Verschieden große Papprollen zunächst mit Deckfarben bunt bemalen. Dann mit Schnur oder Draht aneinanderknüpfen. So entstehen bewegliche Glieder, die bei jeder Bewegung schlenkern.

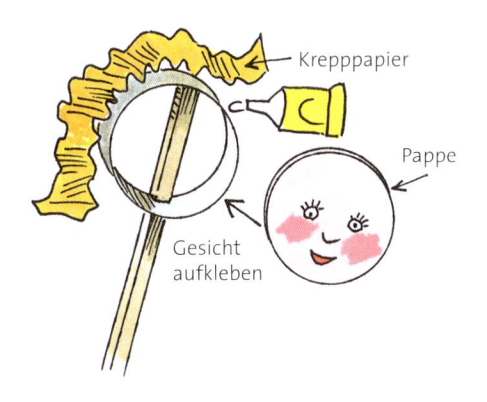

2 Eine Holzleiste als Führungsstab an Kopf und Körper ankleben.

3 Die Figur vervollständigen mit Händen, Füßen, Nase und einem Hut.

4 Das kleine Mädchen hat ein Gesicht aus Pappe, das von Wuschelhaaren aus gelbem Krepppapier umrahmt wird.

GLÜCKSSCHWEIN

Da steht das Glücksschwein im Glücksklee und ist glücklich, denn in seinem Pappröhrenbauch sind kleine Überraschungen versteckt.

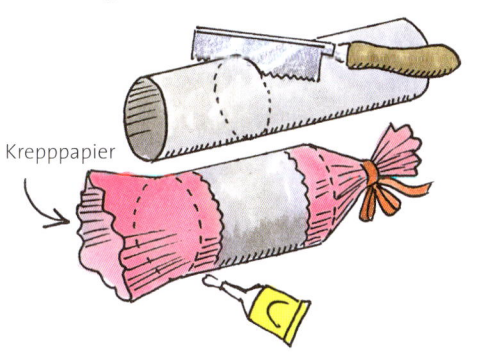

1 Eine große Pappröhre für den Bauch auf die gewünschte Länge kürzen. Die Öffnungen mit angeklebtem Krepppapier verschließen.

2 Kopf, Nase, Körper und Schwanz einzeln aus Tonpapier ausschneiden und an den richtigen Stellen ankleben.

3 Zum Schluss den Kopf vorn über das zusammengeraffte Krepppapier schieben und festkleben.

MATERIAL GLÜCKSSCHWEIN
große Pappröhre
rosa Tonpapier
Krepppapier
Kleber
Schere
Band

Papiermaschee

MATERIAL STABPUPPE
Papierbrei
Sägemehl
Holzleim
Rundstab
Stoff
Dispersionsfarbe
Deckfarben
Pinsel

TIPP
Die Köpfe der Stabpuppen sind hart wie Nüsse – und trotzdem leicht. Sie werden aus besonderem Material geformt: zwei Drittel Papierbrei und ein Drittel feines Sägemehl mit Holzleim.

Perliko – Perlako

Der Teufel mit den drei goldenen Haaren hat es nicht leicht mit dem Kasperl. Denn der will nicht so, wie er gern möchte. Und jedes Mal endet ihr Zusammentreffen mit einer handfesten Rauferei.

1 In einer alten Schüssel den Papierbrei mit dem Sägemehl gut vermischen. Ist die Masse zum Formen zu weich, noch etwas Sägemehl dazugeben. Vorsicht: Bei zu viel Sägemehl werden die Puppenköpfe nach dem Trocknen brüchig.

Formen • Kaschieren

2 Die Masse um einen Stab zu einem Gesicht formen und nach dem Trocknen mit Feile und Schleifpapier glätten.

3 Für das Kostüm eine Stoffbahn wie einen Poncho zusammenlegen, in der Mitte ein Loch schneiden und den Führungsstab mit dem Kopf durchschieben. Den Stoff am Hals mit Kleber oder Schnur befestigen und die Stelle mit Schal oder Schleife verdecken.

4 Hände aus Filz oder Pappe an Stäbe kleben. Hände sichtbar aus dem Poncho ragen lassen. Am „Handgelenk" fixieren, damit abwechselnd oder gleichzeitig die Puppenhände vom Spieler bewegt werden können.

EIERKÖPFE

Nach dem Picknick zeigt das „Bauerntheater aus der Eierschachtel" neue Ritterspiele. Schnell ist die Truppe in Kostüm und Maske.

1 Für den Spielfigurenkopf mehrere Lagen Zeitungspapierschnipsel über die dünne Eierschale kaschieren.

2 Den getrockneten Kopf mit Dispersionsfarbe grundieren, anschließend bemalen. Unten ein Fingerloch ausschneiden.

3 Als Spieler ein Stück Stoff über den Zeigefinger streifen und in das Loch stecken – fertig ist die Fingerpuppe.

MATERIAL EIERKÖPFE
ausgeblasene Eier
Zeitungspapier
Kleister
Dispersionsfarbe
Deckfarbe
Pinsel

Papiermaschee

Dichter und Denker

Seit dem Altertum wurden Cäsaren, Dichter und Denker in Stein porträtiert. Ihre Büsten blicken heute in den Museen von marmornen Sockeln herab.

MATERIAL
Ytongstein
Schabewerkzeug
Spachtelmasse
Lack
Öl
Papierbrei
Kleister
Zeitungspapier
Dispersionsfarbe

Die Büsten auf den Fotos sind hohl und bestehen aus zwei Hälften. Bei den beiden Männern wurde Papiermaschee in eine ausgehöhlte Form aus Ytongstein gedrückt. Die Frauenbüste besteht aus mehreren Schichten Zeitungspapierstückchen, die in die Form gedrückt werden.

Formen

1 Mit Messer, Löffel und anderen alten Werkzeugen die Büste großflächig als Negativform aus dem Ytongblock herausheben.

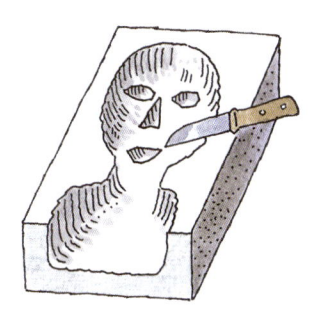

2 Alles, was bei der fertigen Büste vorgewölbt ist, wie Lippen, Kinn, Stirn, Wangen oder Augäpfel, als Mulde oder tiefere Höhlung ausschaben.

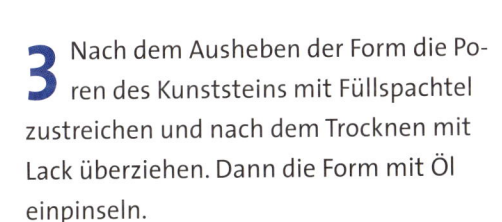

3 Nach dem Ausheben der Form die Poren des Kunststeins mit Füllspachtel zustreichen und nach dem Trocknen mit Lack überziehen. Dann die Form mit Öl einpinseln.

4 Papierbrei mit Kleister und etwas Gips vermischen, dann die Masse etwa 1 cm dick in die Form füllen.

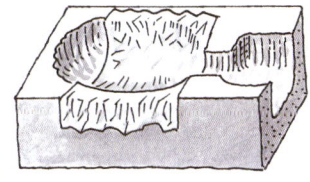

Hinterkopf: Abdecken der Vertiefung mit Alufolie.

5 Nach mehrtägigem Trocknen die Gesichtshälfte der Büste herausnehmen. Für die Hinterkopfhälfte die Vertiefungen für das Gesicht in der Form mit Alufolie abdecken und die Form nochmals mit Papierbrei füllen.

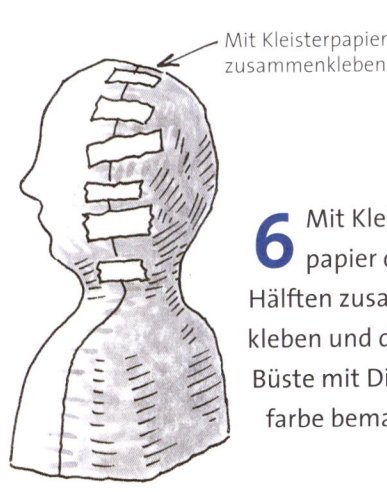

Mit Kleisterpapier zusammenkleben

6 Mit Kleisterpapier die beiden Hälften zusammenkleben und die fertige Büste mit Dispersionsfarbe bemalen.

109

Papiermaschee

Im Schattenwald

Aus dem feuchten Lehmboden sprießen seltsame Pflanzen wie aus einer anderen Welt – es sind Liliputbäume.

MATERIAL
Pappschachtel
Alufolie
Gips
Ton
Holzspießchen
Papiermaschee
Plakafarbe
Deckfarben
Öl

Die Bäume aus Papiermaschee stammen aus einer Gipsform, die von einem Modell aus Ton abgenommen wird, ähnlich den Gussformen, wie sie Bildhauer und Goldschmiede für ihre Plastiken erstellen.

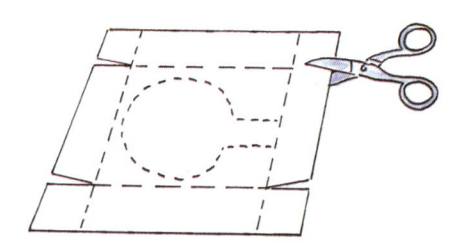

1 Eine Schachtel in Modellgröße auf Karton zeichnen, falzen und ausschneiden.

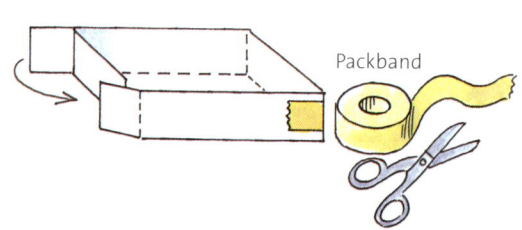

2 Wände hochknicken und zusammenkleben. Die Schachtel mit Alufolie auskleiden.

Packband

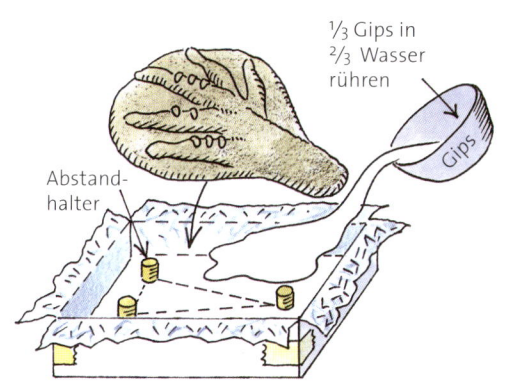

Formen

3 Tonmodell mit Reliefseite nach unten auf Abstandhalter legen. Gipsbrei eingießen bis er mit dem Tonmodell eine Fläche bildet.

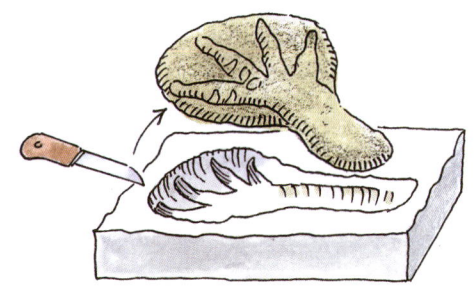

⅓ Gips in ⅔ Wasser rühren

Abstandhalter

4 Nach etwa 15 Minuten ist der Gips abgebunden. Die feuchte Tonplatte an einer Stelle mit einem Messer anheben und herausnehmen.

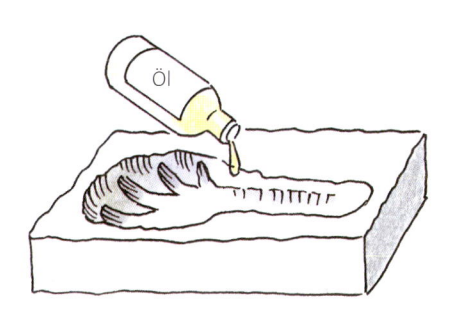

Öl

Papierbrei

5 Nach dem Austrocknen der Gipsform diese mit Öl einfetten.

6 Form mit Papiermaschee ausfüllen. In den noch feuchten Brei ein Holzspießchen stecken. Es ist die „Wurzel", mit der man den Baum in einen Untergrund stecken kann.

TIPP
So wird Gips angerührt: Erst Wasser in Gummimulde oder Plastikgefäß geben, dann Gipspulver hineinschütten. Das Pulver sollte als kleiner Kegelberg aus dem Wasser ragen. Nun alles klümpchenfrei verrühren.
Achtung: Gipsreste nicht in den Abfluss schütten!

INDIANER, MUSCHELN
Der Irokesenkopf, die Muscheln und der Seestern sind ebenfalls aus Papiermaschee geformt. Nachdem der Mascheebrei mit Dispersionsfarben eingefärbt wurde, wird die Masse häufchenweise auf Steinen in Form gelegt. Nach dem Trocknen haftet sie daran fest.

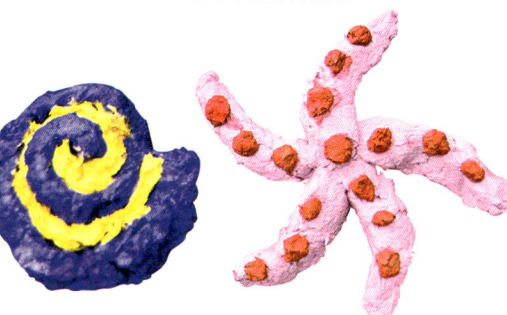

MATERIAL INDIANER, MUSCHELN
Papiermaschee
Dispersionsfarbe
Holzspatel oder Löffel, Gabel usw.

Kleisterpapier

MATERIAL HASE, HENNE
Zeitungspapier
Kleister
Dispersionsfarbe
Pinsel

Osterhase, Schnuppernase

Noch schnell eine Prise Frühlingsluft und Blütenduft genommen, dann hüpft der Osterhase weiter. Er muss zu den fleißigen Hennen, um die Eier abzuholen!

1 Für die Tierkörper nicht zu feste Bälle aus Zeitungspapier knüllen. Die Anzahl richtet sich nach der Größe der Tiere. Die Knäuel auf einen mit Kleister bestrichenen Zeitungspapierbogen legen und einschlagen. Für genügend Festigkeit gleich noch einen zweiten und dritten kleisternassen Bogen darumlegen.

Gestalten

2 Den Körper des Tieres (Hase oder Henne) in Form drücken. Einen weiteren Bogen straff darüberspannen. Er hält das Ganze zusammen.

3 Alle Teile, die auf den Körper gesetzt werden, wie Kopf, Ohren oder Schnabel, mit kleineren und größeren eingekleisterten Zeitungspapierstückchen erst formen und dann ankleben.

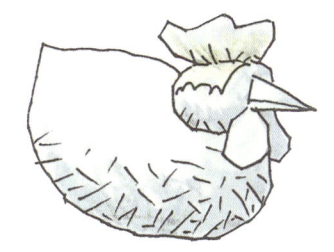

HASENKIND

Worüber freut sich das Hasenkind? Es hat gerade ein Schokoladenei gelegt! Wenn man das kleine Häschen hochhebt, kommt das Ei zum Vorschein. Das Überraschungsei ist unter einem Plastikbecher versteckt – dem Körper des Häschens.

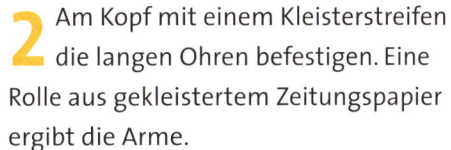

1 Mit Zeitungspapier und Kleister über einem Becher den Hasenkörper formen.

2 Am Kopf mit einem Kleisterstreifen die langen Ohren befestigen. Eine Rolle aus gekleistertem Zeitungspapier ergibt die Arme.

3 Alle Figuren nach dem Trocknen bemalen. Die Hennen sind mit weißer Dispersionsfarbe grundiert und mit Deckfarben angemalt.

MATERIAL HASENKIND
Plastikbecher
Zeitungspapier
Kleister
Dispersionsfarbe
Pinsel

Dispersionsfarbe

Kleisterpapier

SCHNIPSEL-EI
bezogen mit Drachenpapier und Kleister

MATERIAL
Styropor
Holzleim
Nylonstrumpf
Zeitungspapier
Dispersionsfarbe
Feinsäge
Raspel
Pappstreifen
Alufolie

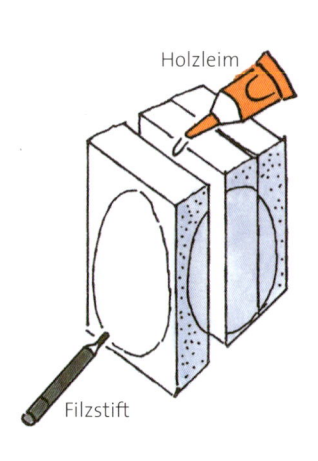

Holzleim

Filzstift

Ein Wunder-Ei

Manchmal, sehr selten, legen Hühner ganz besondere Eier. Diese Eier unterscheiden sich entweder in der Form, in der Farbe oder durch die Struktur ihrer Schale von gewöhnlichen Eiern. Wird ein solches Ei gefunden, verspricht man sich von ihm Wunderkräfte.

1 Zuerst die Styroporplatten zu einem Styroporklotz zusammenkleben.

2 Aus diesem Klotz die Eiform mit einer Feinsäge oder einem Messer grob herausschneiden.

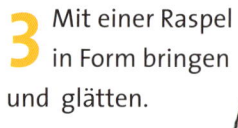

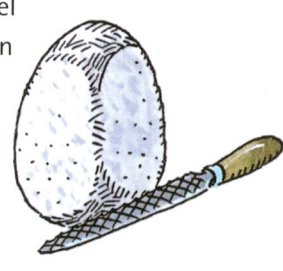

3 Mit einer Raspel in Form bringen und glätten.

Kaschieren

4 Das Ei in Alufolie einpacken und in einen alten Nylonstrumpf stecken.

5 Nun die Enden des Strumpfbeins verknoten und abschneiden.

6 Das ganze Ei mit Holzleim einstreichen und 2 bis 3 Schichten Zeitungspapier-Schnipsel mit leicht verdünntem Holzleim darüberkaschieren.

Holzleim

7 Das Ei außen noch mal mit Holzleim bestreichen und zum Trocknen aufhängen.

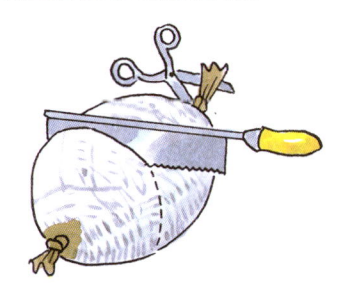

8 Nach dem Trocknen die Strumpfnippel abschneiden und die Stellen mit Zeitungspapier überkleben. Das Ei in der Mitte durchsägen und den Styroporkern entfernen.

9 Einen Kartonstreifen in eine Ei-Hälfte kleben. Er bildet den Verschluss der Eierschachtel.

10 Zum Schluss das Ei mit Dispersionsfarbe bemalen. Jetzt kann der Osterhase in dem Wunder-Ei etwas Wunderbares verstecken.

SCHABLONIERTE EIER

Auf bunt gefärbte Eier wird ein angefeuchtetes Faltdeckchen aus Papier gedrückt und mit einem stumpfen Pinsel oder Schwämmchen dickflüssige Farbe kontrastierend darübergestupft. Bevor die Farbe trocken ist, wird die Papierschablone mithilfe einer Nadel an einer Seite angehoben und dann abgezogen.

MATERIAL SCHABLONIERTE EIER
Eier
Eierfarbe
Zeichenpapier
Schere
Plaka- oder
 Dispersionsfarbe
Pinsel
Nadel

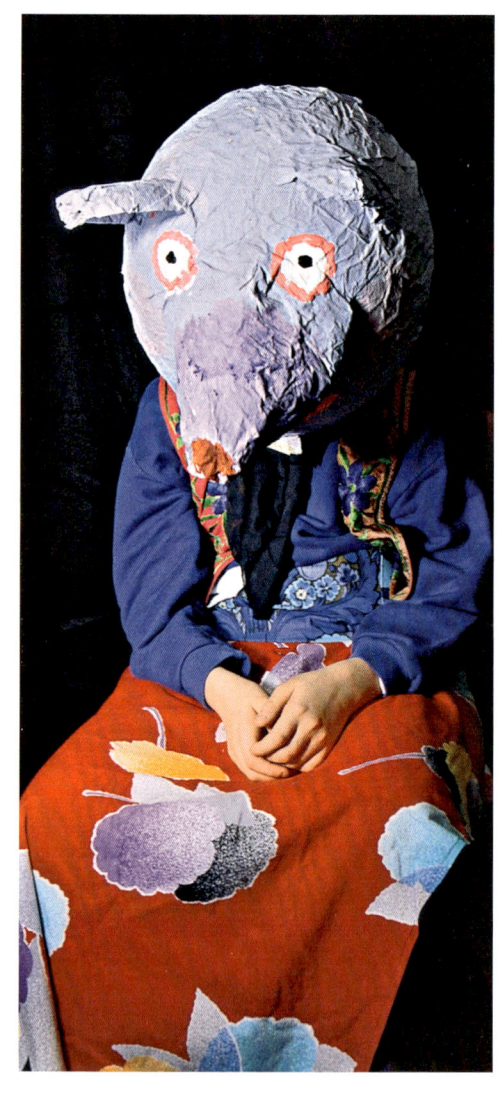

Kleisterpapier

Grünohr und Blaumaus

Lila-Schnäuzchen, Mondgesicht, Fleckenhund und Roter Schnapper sind die Stars im Kabarett der „tollen Tage". An Fasching geht es dort hoch her! Nach der verrückten Synchron-Tanzeinlage der Truppe will der begeisterte Beifall nicht mehr enden. Da capo! Da capo!

MATERIAL
BALLON-KOPFMASKE
runde Luftballons
längliche Luftballons
Zeitungspapier
Kleister
Dispersionsfarbe

1 Für die Kopfmaske runde oder birnenförmige Luftballons aufblasen, mit eingekleistertem Zeitungspapier umhüllen und trocknen lassen. Längliche Ballons für Ohren, Nasen oder Schnauzen verwenden.

Kaschieren

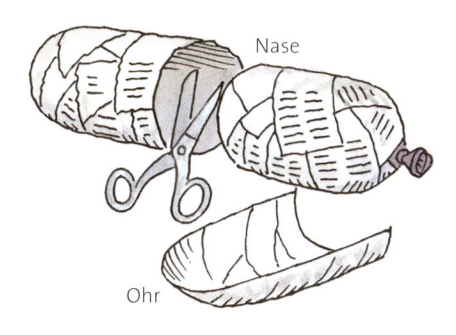

2 Nach dem Trocknen aus den Formen Nase und Ohren schneiden und mit Kleisterpapierstreifen an den Kopf kleben.

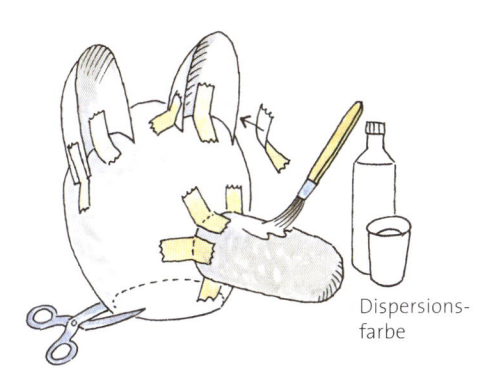

Nase
Ohr

3 Die Köpfe mit Dispersionsfarbe bemalen. Nach dem Trocknen das Loch zum Reinschlüpfen und Löcher zum Rausschauen einschneiden.

Dispersionsfarbe

Tipp

Die Löcher zum Herausschauen sind nicht identisch mit den aufgemalten Augen der Maske. Meist schaut der Maskenträger durch die Mundöffnung oder durch kleine Löcher über oder unter der Nase. Um die richtige Stelle herauszufinden, setzt man die fertige Maske auf und drückt mit zwei Fingern von außen auf die Stelle der Augen unter der Maske.

HÜTE

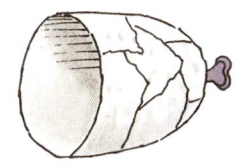

1 Auch die Faschingshüte werden über runde oder längliche Ballons kaschlert. Nach dem Trocknen die Kappe abschneiden.

2 Die Krempe aus einem Extrastück Pappe schneiden.

3 Dann Kappe und Krempe zusammensetzen, mit Kleisterpapierstreifen zusammenkleben.

4 Den Hut mit großen Zeitungsbögen beziehen. Nach dem Bemalen in die Innenseite der Hüte Luftschlangenlocken kleben. Außen die Hüte mit Bändern aus Krepppapier oder Stoff, mit Federn, Vögeln und Blumen aus Papier oder anderem Krimskrams nach Lust und Fantasie schmücken.

MATERIAL HÜTE
runde oder längliche Luftballons
Dispersionsfarbe
Karton, Luftschlangen

117

Kleisterpapier

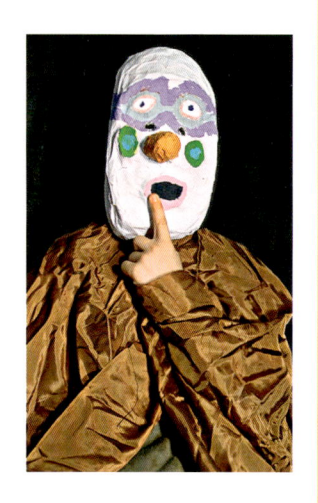

MATERIAL
Zeitungspapier
Kleister
Alufolie
Ton
Dispersionsfarbe
Gummiband

Jakob, wo bist du?

Wer weiß, wo er steckt? Es ist schwer zu raten, denn die Kinder haben sich verkleidet und ihre Gesichter hinter Papiermasken und fantasievollem Kopfputz versteckt. Ihre Masken wurden aus Zeitungspapier über einem Tonkern geformt.

Kaschieren

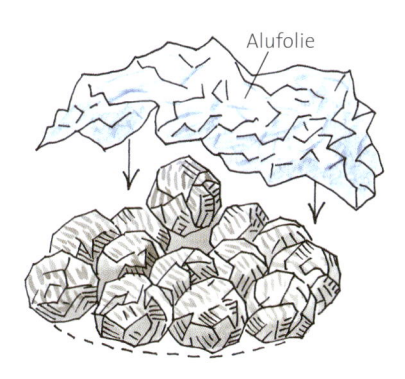

1 Zunächst aus Zeitungspapier mehrere Knäuel formen und mit Alufolie umhüllen. Um Ton zu sparen, wird daraus der Unterbau für die Maske gebaut. Das Ganze mit Alufolie abdecken.

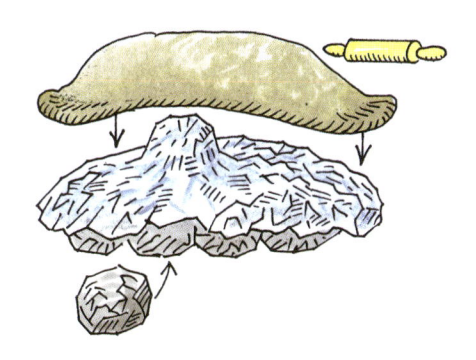

2 Einen Klumpen Ton mit dem Walkholz auswalzen, auf die Form legen und andrücken.

3 Aus Tonschnüren, Tonwalzen und Kugeln nun die Feinheiten des Gesichts modellieren. Auf das fertige, noch feuchte Tongesicht vorsichtig eine Lage Alufolie streichen. Eventuelle kleine Risse mit Folie flicken.

4 Auf die Folienschicht folgt die Papierschicht der Maske. In zwei bis drei Lagen übereinander Papierfetzen mit Kleister bestreichen und aufkleben.

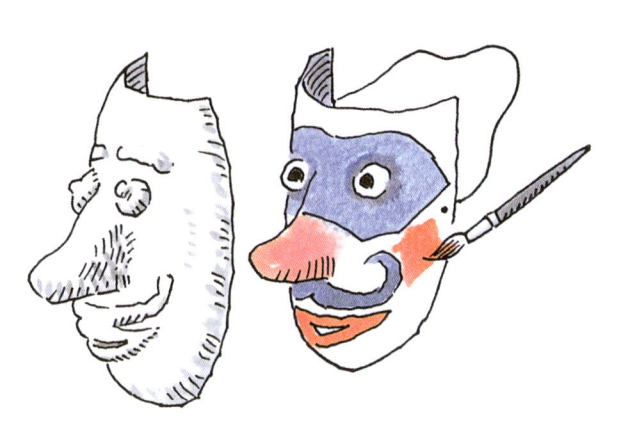

5 Nach dem Trocknen die Maske mit Dispersionsfarbe bemalen und erst dann von der Tonform abnehmen.

Kleisterpapier

Indianerleben

Unten am Fluss hat Grüne Feder sein Lager aufgeschlagen. Er sitzt weich auf Kissen aus Zeitungspapier und grillt sich genüsslich einen Fisch zum Abendessen.

Kaschieren

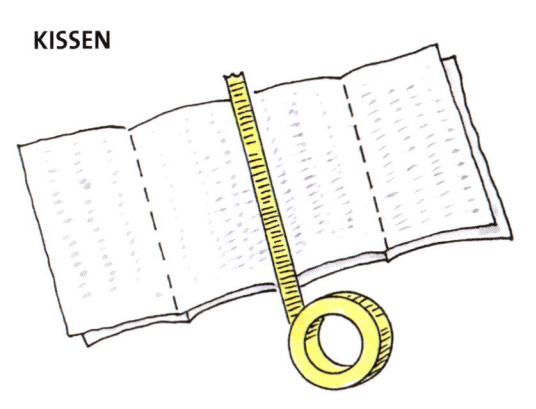

KISSEN

1 Ein Bezug wird aus zwei Doppelbogen Zeitung geklebt. Der Kissenbezug besteht aus zwei ineinandergeschobenen Bezügen.

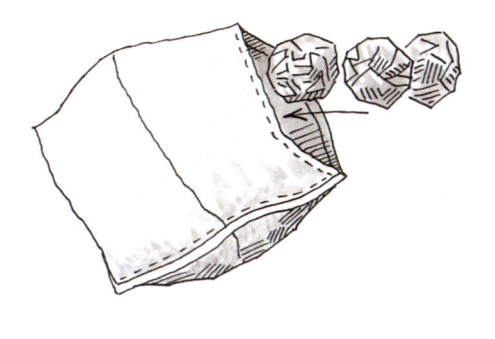

2 Die Kissen, ihrer Größe wegen, am besten erst vor Ort mit vielen locker geknüllten Zeitungspapierknäueln füllen und mit Krepp-Klebeband verschließen.

MATERIAL KISSEN
Zeitungspapier
Krepp-Klebeband

MATERIAL TIPI
Aststangen
Zeitungspapier
Schnur
Kleister

TIPI

1 Für die Zeltstangen im Wald trockene Äste sammeln. Sie kegelartig aneinanderlehnen und an der Spitze gegeneinander verkeilen. Wenn nötig, die Stangen dort mit einer Schnur zusammenbinden. Der Abstand der Stangen am Eingang des Tipis ist größer als der zwischen den übrigen Zeltstangen.

2 Damit die Zeitungspapierbogen eine gute Auflagefläche haben, die Zeltstangen rundherum mit Schnur in etwa 20 cm breiten Abständen umwinden. Den Zelteingang aussparen. Mit Wasser befeuchtete Zeitungsbogen über das fertige Gestänge legen und mit den Händen etwas Kleisterbrei darauf verteilen. Dann die nächste Schicht Zeitungen anbringen. Bei sonnigem Wetter ist das Tipi schnell getrocknet und bezugsfertig.

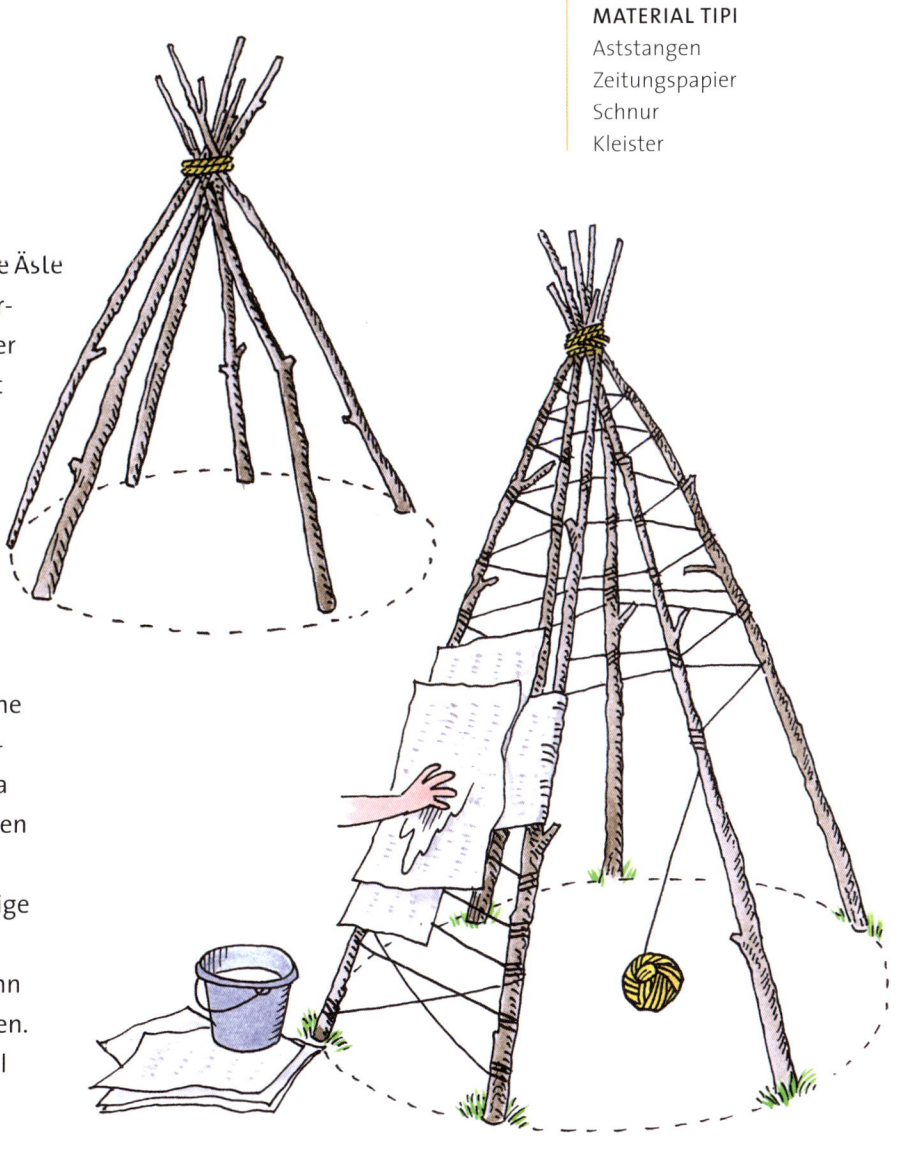

Kleisterpapier

MATERIAL
runder Luftballon
Zeitungspapier
Kleister
Holzstab
Dispersionsfarbe
Pinsel
Schüssel
Sand
Gips
Alufolie

Ein Zwerglein steht im Walde

Ganz still und stumm lauscht es dem Rascheln der fallenden Blätter. Sag, weiser Wicht, wird es bald Schnee geben? Vielleicht – vielleicht auch nicht, wackelt der Kleine hin und her. Man muss ihn nur an seiner Mütze anstupsen.

Kaschieren

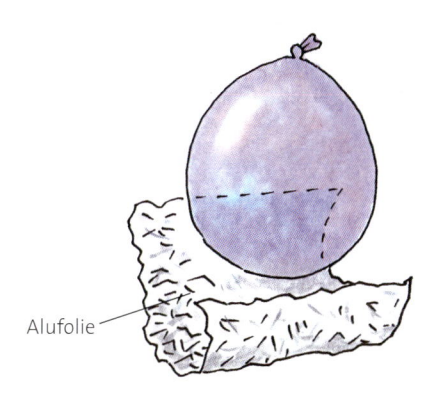

1 Für den Körper des Zwergs einen Luftballon aufblasen und zur Hälfte in Alufolie einwickeln.

Alufolie

2 Nun den Luftballon mit zwei bis drei Schichten Kleisterpapier kaschieren.

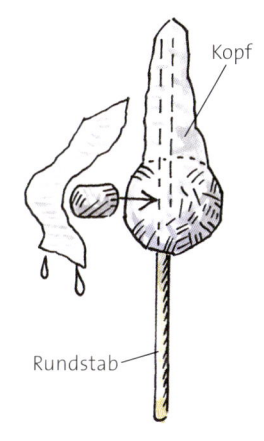

Zeitung / Kleister

3 Kopf und Mütze mit schwach feuchtem Papier innen und nassem Kleisterpapier außen (sie dürfen nicht zu schwer werden!) um einen Rundstab formen.

Kopf / Rundstab

4 Nach dem Trocknen auf den Ballon mit Dispersionsfarbe die „Zwergenkleidung" malen.

Sand

TIPP
Die Alufolie um den unteren Teil des Ballons verhindert beim späteren Einfüllen des feuchten Gipsbreis, dass die Kleisterpapierschichten aufweichen.

5 Den trockenen Körper in eine Schüssel mit Sand setzen und den Ballonnippel abschneiden. Durch das Loch den angerührten Gips (s. Seite 111) zwei bis drei Finger hoch eingießen.

Gips

6 Den Stab mit dem Kopf auf die richtige Länge absägen und in den Brei stecken. Den Kopf mit einem Schal aus Kleisterpapier am Ballonkörper festkleben.

Kleisterpapier / Gips

Kleisterpapier

Stapeldorf

MATERIAL HAUS
Ton, Messer
Alufolie, Zeitung
Kleister, Pinsel
Dispersionsfarbe

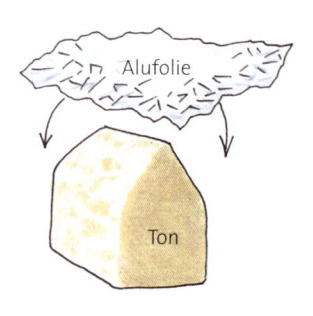

Gleich hinter Harting liegt Stapeldorf. Umrahmt von saftigen Weiden leben seine Bauern in friedlicher Gemeinschaft zusammen. Die bunten Häuser des Dorfes sind unten offen und können deshalb übereinandergestapelt werden.

1 Aus Ton oder Knetmasse den innersten Kern eines Hauses formen und darüber Alufolie drücken.

2 Auf die Alufolie drei Lagen Zeitungspapierstückchen mit Kleister kaschieren.

Kaschieren

3 Erneut eine Lage Alufolie auflegen und wieder drei Lagen eingekleistertes Zeitungspapier darüberstreichen. Auf diese Weise können sieben bis acht Häuser übereinander geformt werden. Nach jeder Lage verwischen sich allerdings die Konturen des Hauses immer mehr, sodass die letzten Häuser runde Ecken haben.

4 Nach zwei bis drei Tagen sind die Papierhäuser so weit trocken, dass man den Kern herausziehen kann. Mit einem spitzen Messer die Folie an den Wänden des Tonhäuschens lockern und – wenn dieses nicht von selbst herausfällt – mit der Messerspitze vorsichtig heraushebeln. Auf diese Weise Haus für Haus herausziehen. Die Wände wieder gerade biegen, denn die Häuser sind noch nicht trocken, besonders die Giebel sind weich. Nach dem völligen Austrocknen die Häuser mit Plaka- oder Dispersionsfarbe anmalen.

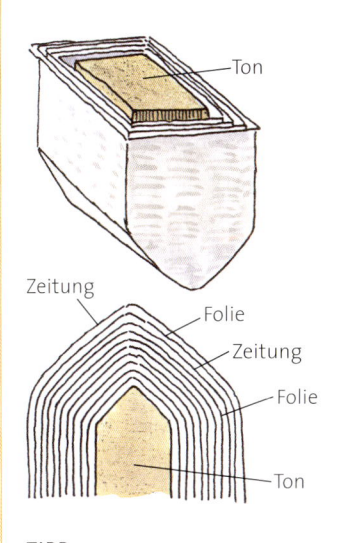

TIPP
Wichtig ist, dass der Boden der Häuser frei bleibt, sonst kommt an die Papierschichten keine Luft, und die Formen können nicht trocknen.

AUTO

1 Der Prototyp des Autos wird aus Ton geformt. Damit er in Serie gehen kann, davon eine Gipsform abnehmen.

2 Das Tonmodell mit dem Dach nach unten in eine Schachtel legen, mit Abstandhaltern stützen und Gipsbrei einfüllen.

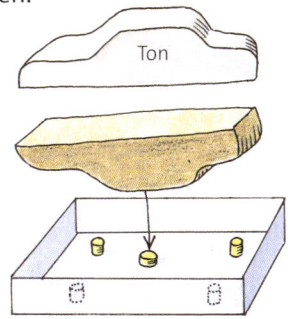

3 Nach dem Trocknen in die entstandene Hohlform etwa 5 cm dick Pappmaschee drücken und trocknen lassen.

Auf den Straßen sind sie sich begegnet, und beim Gebrauchtwagenhändler treffen sie sich wieder: die „schnellen Flitzer" und die „lahmen Enten", die chromblitzenden Straßenkreuzer und die braven Familienkutschen.

MATERIAL AUTO
Ton
Schachtel
Alufolie
Gips
Papierbrei
Dispersionsfarbe

Kleisterpapier

MATERIAL
Dachlatten
Bohlen
Sperrholz
Hasengitter
Räder, Blumendraht
Schrauben
Nägel, Zeitungspapier
Kleister, Holzleim
Säge
Bohrmaschine
Dispersionsfarben
Pappröhren

Dickhäuter mit dünner Haut

Seine Haut ist nur zwei bis drei Papierschichten stark – doch sein Knochenbau ist kräftig. Er könnte sonst nicht drei Kinder auf einmal oder sogar einen Erwachsenen tragen. Viele Kinderhände halfen beim Bau. Jetzt dreht der Elefant, auf ein Rollbrett montiert, im Schulhof seine Runden.

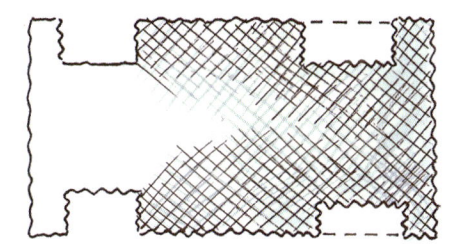

Konstruieren

TIPP
Zwei speziell ausgebildete Elefantenführer sollten das Tier lenken. Der eine zieht vorne, der andere hält das hintere Seil und passt auf, dass der Dickhäuter bei allzu rasantem Ritt nicht ins Schleudern kommt.

1 Das Gerüst des Elefanten aus Dachlatten, Bohlen und Sperrholz (für die beiden Bogen) zusammenschrauben. Die Zeichnung zeigt genau, wie dieses Gerüst gebaut wird.

2 Wichtig ist dabei, dass die Beine auf dem Grundbrett fest verankert sind. Das Hasengitter um das Holzlattengerüst legen und mit Blumendraht zusammenhalten. Mit Nägeln, deren Köpfe um die Drahtschlaufen geklopft werden, den Maschendraht auf dem Holzgestell befestigen.

3 Aus zusammengelegtem, doppeltem Maschendraht die Ohren formen und mit Blumendraht an den Kopf „nähen".

4 Rüssel und Stoßzähne aus verschieden großen Pappröhren sägen und mit Draht an den Kopf binden.

5 Kopf und Beine mit geknüllten Zeitungen füllen, die Öffnungen mit Draht schließen und das Tier mit Zeitungspapier und einer Mischung aus Holzleim und Kleister beziehen.

6 Da der Rücken sehr strapaziert wird, kann an der Stelle der Satteldecke ein Nesselstoff aufgeleimt werden. Den Elefanten mit Dispersionsfarbe bemalen und mit durchsichtigem Mattlack überziehen.

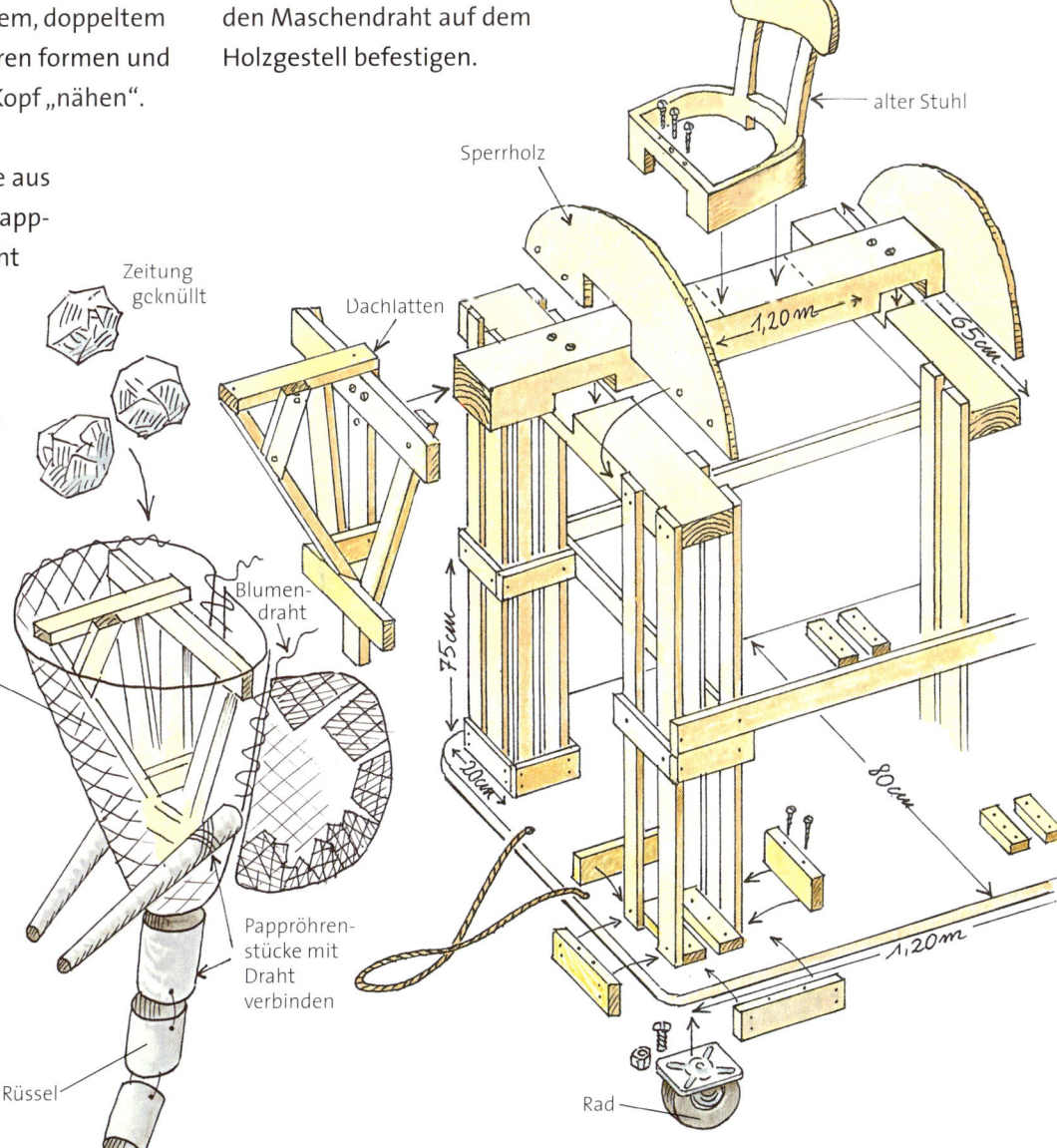

Kleisterpapier

MATERIAL
Hasengitter
Leiste
Blumendraht
Zeitungspapier
Kleister
Dispersionsfarbe
Stoff
Hammer
Zwickzange

Ein komischer Käfer

Küken, Elefant und Hirsch warten auf ihren Auftritt. Gleich geht es los. Die großen Vorhaltemasken haben ihren Einsatz beim Märchenspiel auf der Bühne. Doch sie können auch in der „Zimmer-Geisterbahn" erschrecken oder beim Faschingsumzug mitmarschieren.

Kaschieren

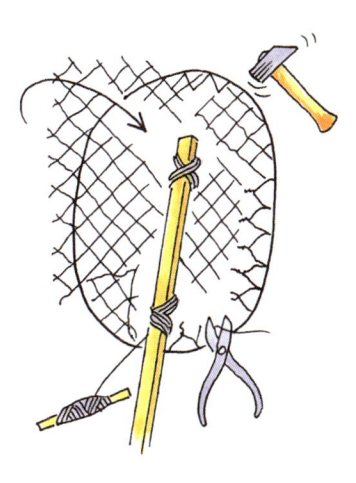

1 Ein Stück Hasengitter in Maskengröße mit der Zange abzwicken. Die scharfen Drahtenden mit einem Hammer umklopfen.

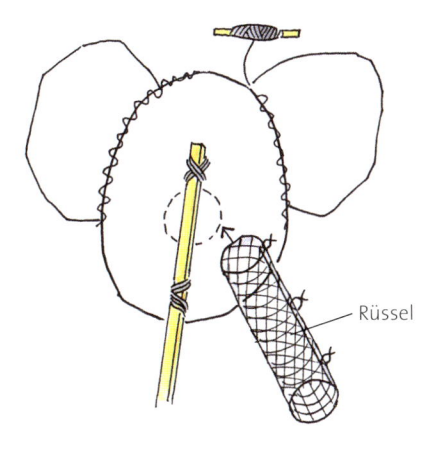

2 Den Haltestab mit Blumendraht an der Innenseite der Maske befestigen. Ohren, Schnauze, Nase oder Rüssel mit Blumendraht an das Gitter „nähen".

Rüssel

3 Zwei bis drei Lagen kleisternasser Zeitung innen und außen über die Maschendrahtmaske kleben.

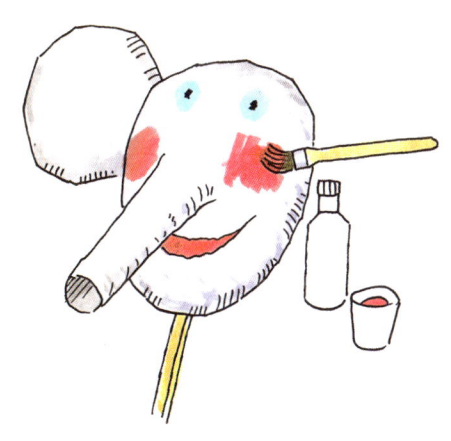

Kleister

4 Nach dem Bemalen mit Dispersionsfarbe Sehlöcher durch die Papierschichten und Drahtmaschen bohren.

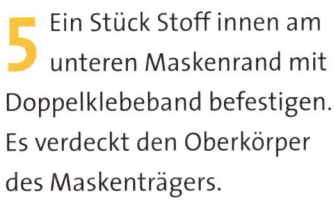

5 Ein Stück Stoff innen am unteren Maskenrand mit Doppelklebeband befestigen. Es verdeckt den Oberkörper des Maskenträgers.

Altpapier

Papierschöpfen

Viele Künstler haben als gestalterisches Ausdrucksmittel die alte Handwerkskunst des Papierschöpfens wiederentdeckt. Für den Hobby-Papierschöpfer gibt es im Handel eine einfache Papiermacherausrüstung zu kaufen. Das Set enthält alle wichtigen Utensilien, die zur Papierherstellung nötig sind.

MATERIAL
Schöpfrahmen mit Deckel
20 Filztücher
2 Pressplatten
Altpapier
Wanne
Schraubzwingen
Mixer
Leim
Füllstoff
Färbemittel

TIPP
Papierbrei aus farbigen Tonpapieren färbt nicht aus und verfärbt nicht die Gautschtücher.

Man kann sich einen Schöpfrahmen mit Deckel aus Holzleisten auch selber bauen. Das Drahtgitter (Fliegengitter) zum Bespannen gibt es in einer Eisenwarenhandlung zu kaufen. Es muss aus nicht rostendem Material sein, sonst nimmt man lieber ein Kunststoffgewebe. Bei einem größeren Sieb ist es ratsam, das Siebgeflecht mit Holmen zu unterstützen, damit es in der Mitte nicht durchhängen kann. Als Gautschtücher (s. S. 136) schneidet man sich weißen Filz zurecht, und als Pressplatten besorgt man sich mit Resopal beschichtete Pressspanplatten (ca. 1 cm stark).
Für den Papierfaserbrei kann fast jedes Papier wieder aufbereitet werden: Zeitungs- und Computerpapier, Pack- und Briefpapier. Das Papier sollte nur keine zu glänzende Oberfläche haben. Es wird in kleine Schnipsel zerrissen und im Haushaltsmixgerät mit warmem Wasser zerkleinert – nicht zu grob und nicht zu fein. In einer Wanne (Bütte), gefüllt mit lauwarmem Wasser, wird der im Mixer entstandene Papierbrei aufgelöst. Um dem Papier die notwendige Schreibfestigkeit zu geben, kann Leim und Füllstoff zugefügt werden. Am besten eignet sich dazu mit Wasser verdünnter Weißleim. Als Füllstoff wird ein Teelöffel Kaolin dazugegeben. Mit farbigen Tinten, Ostereier- oder Dispersionsfarben kann man das Papierfaserwasser färben. Auch der Zusatz von farbigem Papierbrei, gewonnen aus farbigem Papier, kann die neuen Bogen einfärben (siehe Tipp).

SCHÖPFRAHMEN

Holzleiste
21 cm
30 cm
3 x diesen Rahmen bauen

nicht rostende Schrauben und Nägel aus Messing

Fliegengitter

Um Verletzungen vorzubeugen, muss über die stacheligen Kanten des Fliegengitters ein zweiter Rahmen geschraubt werden!

Der dritte Rahmen ist der „Deckel".

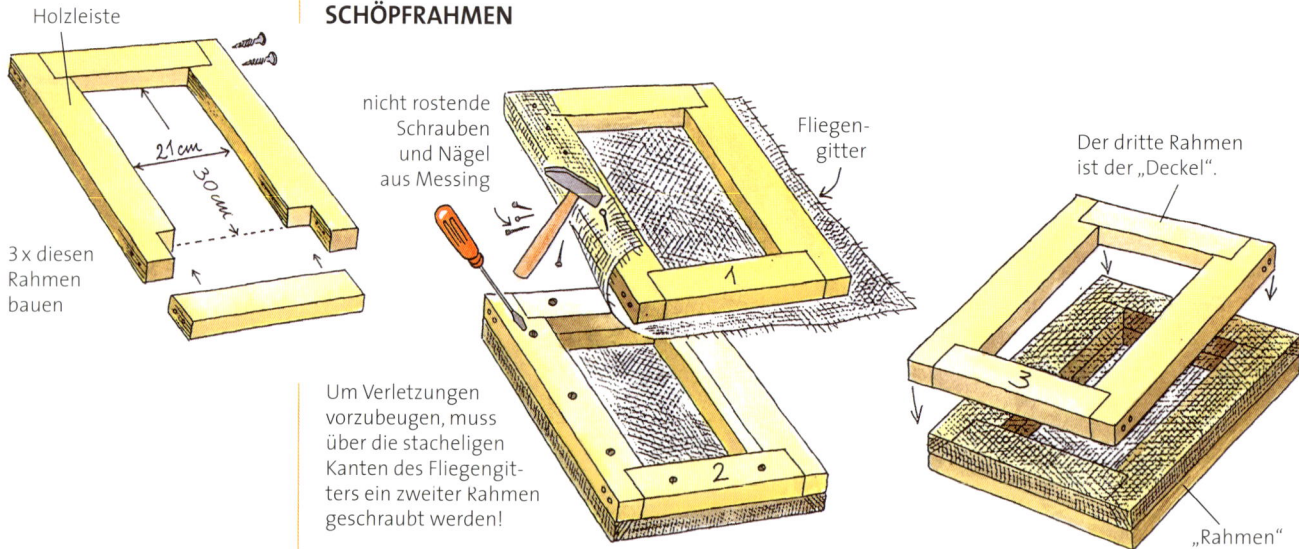

„Rahmen"

Schöpfen

1 Zum Schöpfen den Rahmendeckel auf das Flachsieb setzen, mit beiden Händen zusammenhalten und senkrecht in das Papierfaserwasser tauchen. Unter Wasser waagerecht drehen und langsam bewegen.

2 An der Wasseroberfläche immer noch waagerecht halten, in alle Richtungen rütteln, damit sich der geschöpfte Faserbrei auf dem Gitter gleichmäßig verteilt.

TIPP
Statt Filztücher eignen sich zum Gautschen auch saugfähige Allzwecktücher.

3 Aus dem Wasser heben, etwas schräg halten, damit das Wasser ablaufen kann. Dann den Rahmendeckel abheben und das Sieb, mit der Faserschicht nach unten, schwungvoll auf ein feuchtes Filztuch stürzen, das auf einer der beiden Pressplatten liegt.

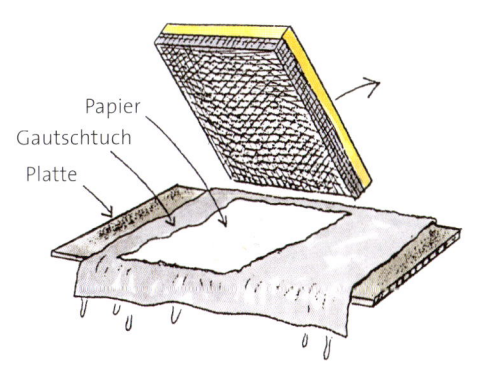

Papier
Gautschtuch
Platte

Geschichtete Reihenfolge:
Tuch
Papier
Tuch
Papier
Tuch
usw.

Pressplatte
Pressplatte

4 Das Sieb hochheben, dabei bleibt die Papierfaserschicht auf dem Filz zurück. Ein zweites feuchtes Filztuch darüberlegen und den nächsten geschöpften Papierbogen daraufstürzen. So weitermachen, bis alle feuchten Filztücher verbraucht sind.

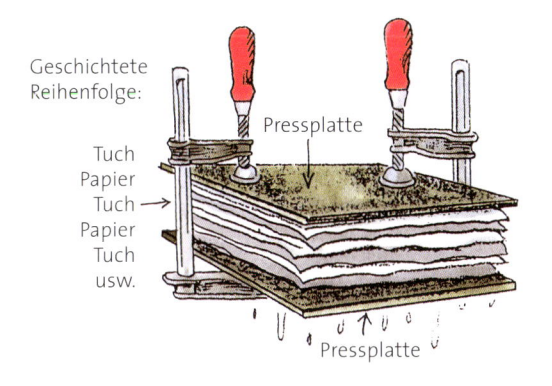

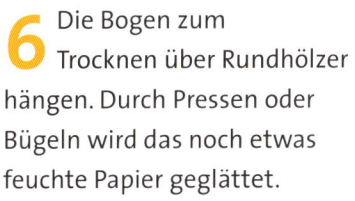

5 Die zweite Pressplatte obenauf legen und den ganzen Pauscht pressen. Läuft kein Wasser mehr heraus, die einzelnen Filzlagen mit dem unten anhaftenden Papier flach auf trockene Tücher oder Zeitungsunterlagen drücken. Den Rand des geschöpften Papierbogens vorsichtig vom Filztuch pellen und dann das Filztuch ablösen.

6 Die Bogen zum Trocknen über Rundhölzer hängen. Durch Pressen oder Bügeln wird das noch etwas feuchte Papier geglättet.

Gautschtuch
Papier
Tuch- oder Zeitungsunterlage

Zellstoff

Schöpfexperimente

In Europa sind nur noch ein paar der historischen Papiermühlen in Betrieb. Von Papiermachermeistern wird dort immer noch nach alter Rezeptur handwerklich schönes Büttenpapier geschöpft.
Die Schönheit von Papier zu sehen, es zu fühlen und das Knistern und Rascheln zu hören, übt einen eigenen Reiz aus. Viele Künstler auf der ganzen Welt haben in den letzten Jahrzehnten die Sinnlichkeit dieses Materials wiederentdeckt.
In künstlerischen Werkstätten schöpfen und gestalten sie ihr eigenes, ganz besonderes Papier.

Schöpfen

Das Experimentieren mit Farben und das Mischen des Papierbreis mit anderen Materialien machen großen Spaß. Alles, was leicht und flach ist, eignet sich dazu, zum Beispiel getrocknete Blütenblätter, Konfetti, Glimmer, Sternchen, Seidenpapierstreifen, farbige Papierstückchen, Zwiebelschalen und vieles mehr. Auch Pflanzensamen kann man einstreuen, die sogar zu keimen beginnen, wenn man die trockenen Bogen wieder befeuchtet. Zwischen zwei feuchte Bogen kann man auch ein Blatt, eine Feder oder einen Faltschnitt legen. Gegen das Licht gehalten, erkennt man den Gegenstand im getrockneten Papier wieder. Der Papierbrei kann auch mit Pflanzenfasern versetzt werden. Am besten gelingt es, wenn Papierbrei und Pflanzenfasern zu gleichen Teilen gemischt werden. Die Pflanzenfasern erhält man durch Zerkleinern, Einweichen, Kochen oder Mixen. Die Papierbogen auf dem Foto links wurden zusätzlich mit Ahornblättern, Gräsern, Pappel- und Kastanienblättern versetzt. Es eignen sich auch Brennnesseln, Lauch, Selleriekraut, Rhabarber, Maisblätter und vieles mehr. Da heißt es ausprobieren!

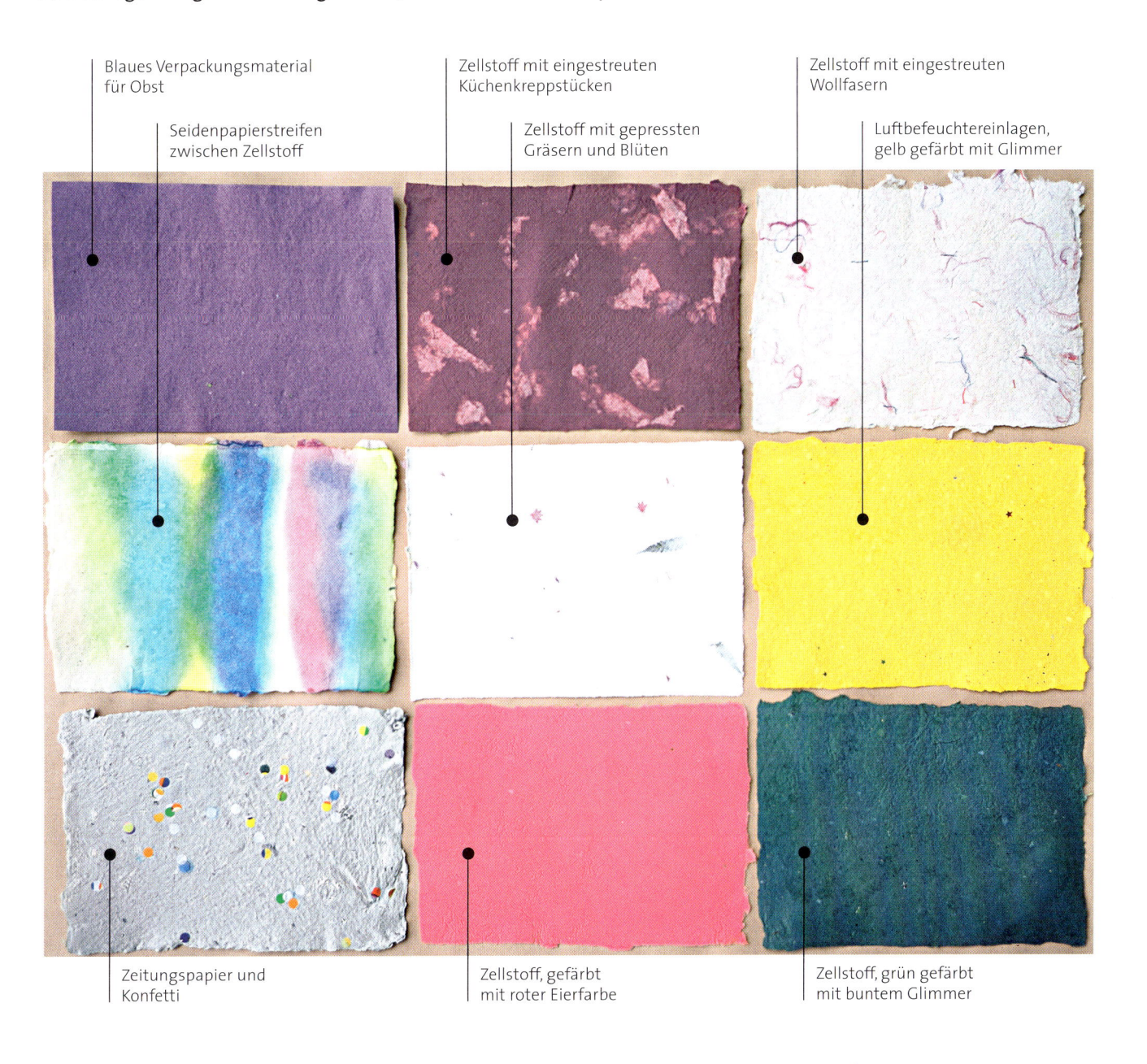

- Blaues Verpackungsmaterial für Obst
- Zellstoff mit eingestreuten Küchenkreppstücken
- Zellstoff mit eingestreuten Wollfasern
- Seidenpapierstreifen zwischen Zellstoff
- Zellstoff mit gepressten Gräsern und Blüten
- Luftbefeuchtereinlagen, gelb gefärbt mit Glimmer
- Zeitungspapier und Konfetti
- Zellstoff, gefärbt mit roter Eierfarbe
- Zellstoff, grün gefärbt mit buntem Glimmer

Geschöpftes Papier

Das Hintergrundpapier aus vielen zerkleinerten, schwarzen und dunklen Papierstücken herstellen. Davon mehrere Mixerfüllungen in eine Wanne mit lauwarmem Wasser schütten.
Vor dem Schöpfen unbedingt die schwimmenden Papierfasern vom Wannenboden aufrühren.

MATERIAL
Mixer
Schöpfrahmen mit Deckel
Allzwecktücher für den Haushalt
2 Pressspanplatten
Tonpapier
Zeichenpapier, Bleistift
Schere
Plastikwanne
Becher
Schraubzwingen

Handzeichen

*Diese bunten Hände sind aus Papier geschöpft.
Ein dunkler Bogen aus handgeschöpftem Papier bildet den Hintergrund. Für die lustigen Handschuhe werden verschiedene Farben von flüssiger Pulpe nacheinander in Linien oder Flecken in das Loch der Schablone gegossen.*

Schöpfen

HANDSCHUH

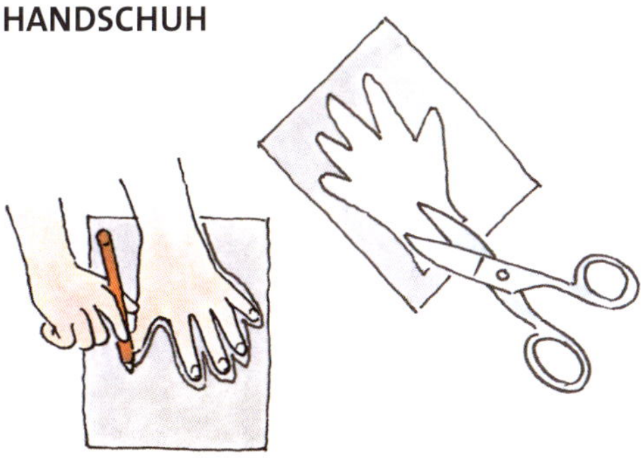

1 Aus festem Zeichenpapier eine Handschablone ausschneiden. Dabei nicht zu nahe an den Papierrand kommen. Das Umfeld stehen lassen.

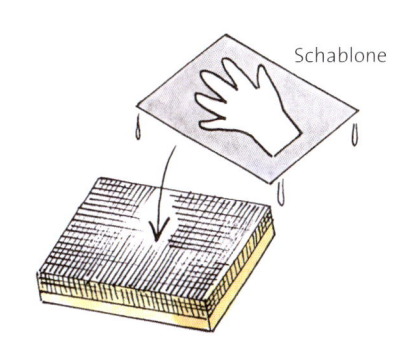

BUNTE BLÄTTER

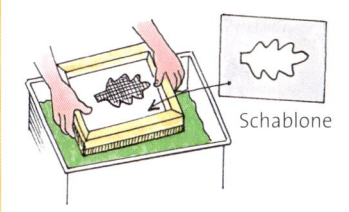

Schablone in Blattform in Wasser tauchen, auf das feuchte Gitter des Schöpfrahmens legen.
Deckel darüber setzen.

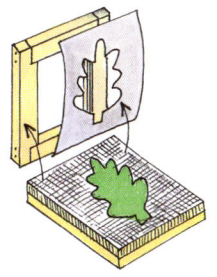

2 Die Schablone durch Wasser ziehen und das feuchte Papier auf das Sieb des Schöpfrahmens legen.

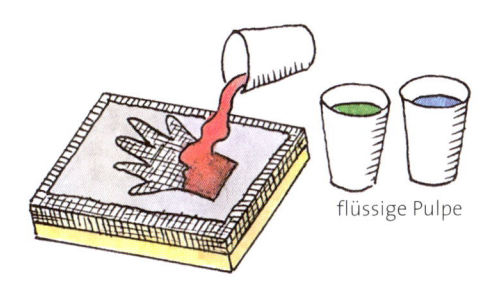

3 Buntes, im Mixer zerkleinertes Papier in Plastikbechern bereitstellen. Die Schablone aufdrücken und dann die flüssige Pulpe vorsichtig aus den Bechern in das Schablonenloch gießen.

Deckel und Schablone abnehmen.

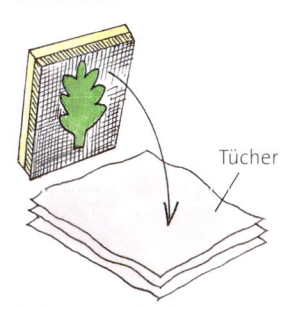

4 Ist das Wasser abgelaufen, die Schablone vom Rahmen nehmen und das Sieb mit der Papierhand auf das feuchte Untergrundpapier drücken. Nun über Hand und Papierschicht ein zweites feuchtes, glattes Tuch legen. Auf dem Tuch den nächsten nassen Papierbogen mit der nächsten bunten Hand ablegen usw.

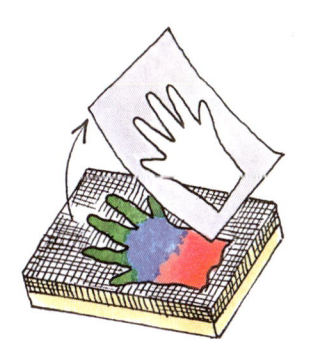

Blatt auf ein feuchtes Tuch stürzen. Mehrere Blätter- und Tücherlagen übereinanderstapeln, dann pressen.

5 Nach dem Auspressen des Wassers die Tücher nacheinander abnehmen. An jedem Tuch haftet eine Papierschicht. Diese auf eine glatte Unterlage legen, vorsichtig das Tuch ablösen und das Papier gut trocknen lassen.

135

Kurzinformation

PAPIER

Papier: Bei maschinell hergestelltem Papier laufen die Papierfasern in eine Richtung. Wenn sie feucht werden, dehnt sich der Bogen quer zu dieser Laufrichtung mehr aus als in Laufrichtung. Beim Trocknen „verzieht" er sich. Die Laufrichtung bestimmt auch das Verhalten des Papiers, wenn es gefaltet, gerissen oder geklebt wird. Bei handgeschöpftem Papier sind die Fasern gleichmäßig verteilt. Es besitzt höhere Flexibilität und Widerstandsfähigkeit als maschinell hergestelltes Papier.
Je größer die Faserdichte, desto schwerer ist das Papier. Sein Gewicht wird in Gramm pro Quadratmeter gemessen. Bis 250 g/qm spricht man von Papier, bis 600 g/qm von Karton und darüber von Pappe. Die Übergänge sind jedoch fließend.

Aktendeckel: Farbiger Karton (siehe Karton).

Büttenpapier: Ursprünglich aus der Bütte handgeschöpftes Papier; heute wird es vor allem auf der Rundsiebmaschine gewonnen und ist mit seinem unregelmäßigen Rand, oft mit Wasserzeichen versehen, den handgeschöpften Bogen sehr ähnlich.

Drachenpapier: Siehe Pergamin

Geleimtes Papier: Durch Zusatz von Leimstoffen, entweder auf der Papieroberfläche oder der Fasernsuspension beigefügt, wird die Saugfähigkeit des Papiers verringert.

Ingrespapier: Ein Büttenpapier, in der Durchsicht mit hellen Rippen, nach Art des verwendeten Siebes. Es eignet sich gut für die Herstellung von Marmorpapieren auf Schleimgrund.

Japanpapier: Handgeschöpfte Papiere aus den Bastfasern des Papiermaulbeerbaums (Kozo), des Gampi- und Mitsumata-Strauchs, unter Zusatz des Pflanzenschleims einer Hibiskuswurzel. Seine langen Fasern machen auch sehr dünnes Papier besonders reißfest.

Karton: Einlagig ist er sozusagen „dickeres" Papier. Bei mehrlagigem Karton werden mehrere feuchte Papierlagen zusammengepresst.

Krepppapier: Farbiges Papier, in Kreppfalten gekräuselt; in der Laufrichtung dehnbar.

Kunstdruckpapier: Hochwertiges Papier, mit gestrichener, glänzend glatter Oberfläche.

Origamipapier: Quadratische Faltblätter, einfarbig, gemustert oder in Farbverläufen eingefärbt.

Pappe: Ist schwerer als Papier und Karton. Sie besteht wie Karton aus mehreren, im feuchten Zustand zusammengepressten Papierlagen. Am häufigsten werden Graupappe (elastisch, aus Altpapier) oder Braunpappe (elastisch, braun, aus gefärbtem Altpapier) verwendet.

Packpapier: Sammelname für zur Verpackung dienende Papiere von besonderer Steife und Elastizität, Reiß-, Knitter- und Scheuerfestigkeit.

Papier- oder Pappmaschee (Franz. „zerkautes" Papier): Papierbrei, vorwiegend aus Zeitungspapier oder Eierkartons. Der Papierbrei entsteht durch Einweichen und Zerfasern der zerpflückten Grundstoffe – im Küchenmixgerät eine Arbeit von Sekunden. In ein Sieb gegossen, fließt das Wasser ab und der zurückbleibende Papierbrei wird mit Leim oder Kleister und eventuell mit Füllstoffen wie Kreide, Tonmehl oder Kaolin versetzt. Die entstandene Modelliermasse wird auch „Bildhauerpapier" genannt. Im 19. Jahrhundert, vor der Erfindung des Kunststoffs, war sie ihrer guten Eigenschaften wegen sehr beliebt: Sie war preiswert und ließ sich gut bemalen. Man produzierte daraus Schachteln und Schalen, Puppenköpfe, Figuren, Bilderrahmen, Möbel und vieles mehr.

Pergamin: Transparentes Buntpapier, besonders geeignet zum Basteln von durchscheinenden Laternen und Papierdrachen – auch Drachenpapier genannt.

Seidenpapier: Sehr dünnes Papier (unter 30 g/qm), ist in vielen Farben erhältlich; färbt in Verbindung mit Wasser oder flüssigem Klebstoff ab.

Transparentpapier: Durchscheinendes Papier aus hochwertigen, durch schonendes Mahlen gewonnenen Fasern.

Wachspapier: Hadernpapier, durch Imprägnieren mit Wachs, Paraffin oder Kunststoff wasserdicht bzw. wasserabweisend gemacht.

Schöpfrahmen

Wellpappe: Zeichnet sich trotz niedrigem Gewicht durch hohe Steifigkeit aus. Zwischen Papier- und Kartonlagen sind gewellte Papierlagen geklebt. Bei der einfachen elastischen Wellpappe ist eine gewellte Papierbahn auf eine glatte geklebt.

Zeichenpapier: Weißes Papier mit geleimter Oberfläche.

Zeitungspapier: Leichtes, holzhaltiges Papier. Eignet sich zum Kaschieren, für Kleister-Knüllpapierarbeiten und zum Papierschöpfen mit Kindern.

Zellstoff: Durch chemischen Aufschluss von Holzfasern gewonnener Faserstoff.

AUS DER WERKSTATT DES PAPIERMACHERS

Mahlen: Zerkleinern und Zerfasern der Rohstoffe für den Papierbrei.

Aufschlämmen: Papierbrei mit Wasser versetzen.

Bütte: Gefäß, aus dem das Papier geschöpft wird.

Gautschtücher: Ungefärbte Filztücher, auf die die frisch geschöpften Papierbogen vom Sieb gegautscht, das heißt abgedrückt werden.

Pauscht: So nennt man den geschichteten Stapel feuchter Filztücher mit frischen Papierbogen, aus denen das Wasser gepresst wird.

Schöpfrahmen: Wird auch Form genannt; ist ein flaches, rechteckiges Sieb, mit dem die Papierbogen geschöpft werden.

Deckel: Heißt der abnehmbare Rahmen, der über das rechteckige Sieb beim Schöpfen gelegt wird. Er grenzt den Papierbogen ein und sorgt für den typischen „Büttenrand" handgeschöpfter Papiere.

WERKZEUGE UND MATERIALIEN

Ahle, Stichel, Vorstecher: Spitze Werkzeuge zum Löcherstechen.

Silhouettenschere: Kleine, spitze Schere.

Papiermesser (Cutter): Haltevorrichtung mit auswechselbaren Klingen.

Kleber: Papierklebstoffe von pastös (Klebestift) über dickflüssig (Tube, klar) bis flüssig (Flasche) von verschiedenen Firmen – auch ohne Lösungsmittel (Dämpfe!) – erhältlich.

Weißleim: Synthetischer Leim (Planatol, Caparol, Ponal), mit Wasser verdünnbar; besonders geeignet für Buchbindearbeiten und als Bindezusatz der Papierschöpfemulsion.

Kleister: Zellulose-Klebstoff (Glutofix, Metylan), eignet sich zum Kleben von Papier, zum Kaschieren (= überkleben mit Papier), als Marmoriergrund und für die Herstellung farbiger Kleisterpapiere.

Klebeband: Transparenter, farbloser PVC-Folienfilm.

Packband: Hellbrauner, breiter, besonders kräftiger Verpackungs- und Abdeckfilm.

Krepp-Klebeband: Klebestreifen aus dehnbarem Spezial-Krepppapier.

Musterklammer: In verschiedenen Größen erhältlich – Messingklammer mit Flügeln, zum Verschließen von Versandtüten.

Styropor: Hartschaumstoff, in verschiedenen Plattenstärken.

Ytongsteine: Poröser Leichtbaustein.

Kaolin: Porzellanerde (China-clay), weißes Tonerdepulver; als Füllstoff beim Papierschöpfen geeignet; im Töpfereibedarf erhältlich.

Gips: Die gebrannte, pulverisierte Form des mineralischen Gipssteins. *Tipp:* Gipspulver immer in Wasser einrühren, nicht umgekehrt! Das Verhältnis ist $1/3$ Gips : $2/3$ Wasser. Die Masse muss schnell verwendet werden; sie hat in ca. 10 Minuten abgebunden.

Hasengitter: Dünner, verzinkter Maschendraht.

Blumendraht: Dünner Wickeldraht.

Kurzinformation

SO ENSTEHT EIN BRIEFKUVERT

Mit Spritzschutzsieb Papier schöpfen

Seidenpapier aufkleben

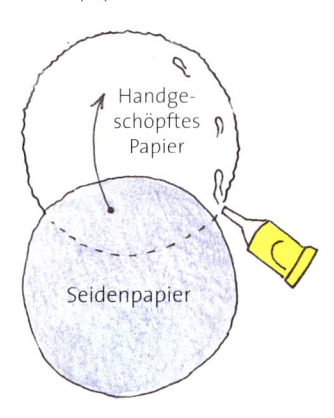

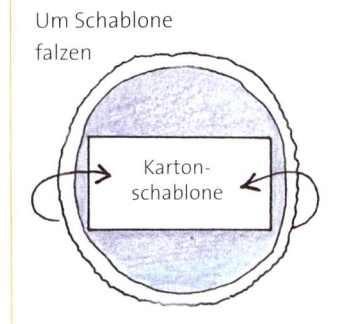

Handgeschöpftes Papier

Seidenpapier

Um Schablone falzen

Kartonschablone

Kanten bügeln

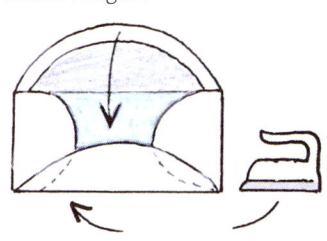

Register

Aktendeckel
- *schneiden, lochen, zusammenstecken:* Fuchs 51

Buntpapier
- *rollen:* Armband 15
- *falten:* Falter 87, Kimono 87
- *herstellen:* Kleisterpapier 78, Marmorpapier 84, Batikpapier 80

Fotokarton
- *schneiden, stecken:* Kartenschloss 96

Graupappe
- *schneiden, bemalen:* Handspielpuppen 47
- *zusammenkleben oder -klammern:* Mäusepuppen 45, Fee 50, Hampelfiguren 46, 48
- *zusammenstecken:* Cowboy und Pferd 39

Illustriertenpapier
- *falten:* Schiff 59, Seemannshut 59, Jacke 58
- *rollen:* Achterbahn 25

Krepppapier
- *weben:* Gans 60
- *flechten:* Kranz 61, Hut 63
- *drehen:* Ketten 63
- *kräuseln, umwinden:* Blumengebinde 64, Stockrosen 65

Luftschlangen
- *fixieren:* Locken 13
- *rollen:* Figuren 12, Becher 13, Schale 13, Hörner 13

Milch- oder Safttüten
- *bemalen, bekleben:* Dampfer 56, Wasserschloss 57

Modelliermasse aus Papiermaschee und Sägemehl
- *formen:* Kasperlköpfe 106

Origami-Faltpapier
- *falten:* Girlande 11
- *einschneiden, einschlagen:* Windräder 89

Packpapier
- *flechten:* Körbchen 19
- *ausschneiden:* Indianer 70
- *falten, bemalen:* Nikolaustüten 92, Raben 92

Papierbällchen
- *auffädeln:* Ketten 14, 15

Papier- oder Pappmaschee
- *in Ytongform drücken:* Büsten 108
- *in Gipsform drücken:* Autos 125, Bäume 110
- *auf Stein modellieren:* Indianerkopf 111, Muschel 111, Schnecke 111, Seestern 111

Papprollen
- *schneiden, bemalen, bekleben, zusammenknüpfen:* Stabpuppen 105
- *sägen, bekleben:* Schwein 105
- *sägen, kaschieren:* Kuh 33
- *bemalen, auffädeln:* Girlande 61

Pergaminpapier
- *reißen, aufkleben:* Ei 114, Hexe 67
- *schneiden, aufkleben:* Vögel 67

Schachteln und Verpackungs-Karton
- *bemalen, einschneiden, zusammenkleben:* Jahrmarktsbude 30, Hexenhaus 36, Westernstadt 38, Planwagen 39, Orientalische Stadt 41, Auto 42, Abschleppwagen 43, Haus 44, Kleine Möbel 45, Zauberkasten 100, Guckkasten-Diorama 101

Schreibmaschinenpapier
- *bemalen, falten:* Girlande 11
- *falten:* Pfeil 90
- *schneiden:* Drachen 91

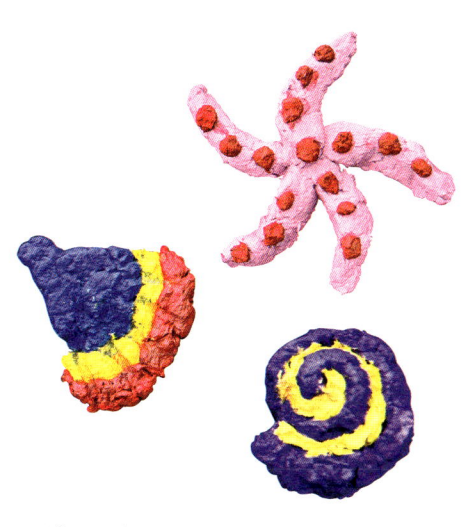

Register

Seidenpapier
- *knüllen, aufkleben:* Hyazinthen 35
- *verdrehen, krausen, knüllen:* Gartenpflanzen 34, 35
- *rollen, verdrehen, zusammenbinden:* Prinzessin 53
- *reißen, aufkleben:* Löwenzahn 66
- *schneiden:* Deckchen 71

Tonpapier
- *falten:* Sonne 10
- *schneiden, kaschieren:* Schwein 105
- *schneiden:* Christkindlmarkt 72, Laterne 73

Wachspapier
- *falten:* Ente 53

Wellpappe (weich)
- *rollen, kaschieren:* Hunde 32

Wellpappekarton
- *schneiden, zusammenkleben:* Gartenhaus 35
- *schneiden, bekleben:* kleine Marionetten 103

Zeichenkarton (dünn)
- *schneiden, biegen, rollen, knicken:* Echse 8, Frosch 9, Igel 9, Krokodil 9, Marienkäfer 9, Schlange 9, Schnecke 8
- *bemalen, falten:* Drache 16
- *schneiden, ritzen, knicken, kleben:* Kugelturm 22
- *bemalen, ausschneiden:* Lebkuchenbild 37
- *bemalen, ausschneiden, ankleben:* Aquarium 98, Blumenmarkt 99
- *bemalen, ausschneiden, einschneiden:* Blumen und Schale 99

Zeichenkarton (kräftig)
- *schneiden, ritzen, knicken:* Theater 102

Zeichenpapier
- *schneiden, kleben, flechten:* Körbchen 19
- *falten, ausschneiden:* Schablonen-Eier 115

Zeitungspapier
- *rollen, bemalen:* Schiffschaukelgerüst 29, Pfahlbaudorf 27
- *knüllen, kleben:* Kissen 121
- *knüllen, kaschieren:* Hase 112, Hühner 112, Hasenkind 113
- *kaschieren über Styropor:* Ei 114
- *kaschieren über Luftballon:* Kopfmaske 116, Zwerg 122
- *kaschieren über Hasengitter:* Vorhaltemaske 129, Elefant 127
- *kaschieren über Äste und Schnüre:* Indianerzelt 121
- *kaschieren über hohle Eier:* Fingerpuppen 107
- *kaschieren über Ytongstein:* Frauenbüste 109
- *kaschieren über Ton:* Maske 119, Häuser 124

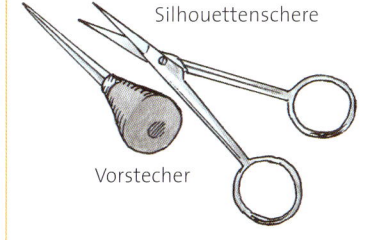

Silhouettenschere

Vorstecher

Register

Abschleppwagen 43
Achterbahn 24
Aquarium 98
Armband 15
Auto 42, 125

Batikpapier 80
Bäume 110
Becher 13
Blumen 54, 64, 65, 66, 99
Blumengebinde 64
Blumenmarkt 99
Blumenstrauß 76
Blüten 65
Bunte Blätter 135
Büsten 108

Christkindlmarkt 72
Cowboy 39

Dampfer 56
Deckchen 71
Drachen 16, 91

Eierköpfe 107
Elefant 126
Ente 53

Falter 87
Faltflieger 90
Fantasieblumen 54, 55
Fee 50
Fensterhühner 82
Fingerpuppen 107
Flechtstern 95
Fröbel-Stern 21
Fuchs 51

Gans 60
Garten 34
Geschichte des Papiers 6
Girlande 11, 61
Glücksschwein 105
Guckkasten-Diorama 101

Hampelpuppen 49
Handspielpuppen 47, 92
Handschuh 135
Hase 112
Hasenkind 113
Haus 35, 44, 124
Hexe 67

Hexenhaus 36
Hörner 13
Hühner 113
Hunde 32
Hut 63, 117
Hyazinthe 35

Indianer 70
Indianerkopf 111
Indianerzelt 121

Jacke 58
Jahrmarktsbude 30
Japanerin 86

Kartenschloss 96
Kasperwippe 97
Ketten 14, 63
Kissen 121
Kleisterpapier 78
Körbchen 19
Kometball 61
Kranz 61
Kugelturm 22
Kuh 33

Laternen 73, 93
Lebkuchen 37
Löwenzahn 66
Luftschlangen-Figuren 12

Marionetten 103
Marktstand 99
Marmorpapier 84
Masken 116, 118, 128
Mäusepuppen 45
Möbel 45
Muschel 111

Nikolaustüten 92

Orientalische Stadt 40
Öltunkpapier 84

Papierschöpfen 130, 132, 134
Papiertiere 8, 9
Perücke 13
Pfahlbaudorf 27
Pinselbatik 81
Planwagen 39
Prinzessin 53

Raben 92
Riesenei 114

Schablonierte Eier 115
Schale 13
Schattenporträt 74, 75
Scherenschnitt 68, 69
Schiff 59
Schiffschaukel 28
Schloss 41
Schmetterling 87
Schnecke 8, 111
Schnipsel-Ei 114
Schrebergarten 35
Seemannshut 59
Seestern 111
Sonne 10
Sonnenhut 63
Spielsachen 13
Stabpuppen 104, 106

Tänzerinnen
Tauchbatik 81
Theater 102
Tipi 121
Tropfbatik 81
Tulpe 54

Überraschungsstern 94

Vogel-Hampelfigur 46
Vögel-Fensterbild 67

Wasserschloss 57
Westernstadt 38
Windradbaum 88

Zauberkasten 100
Zirkusfiguren 48
Zwerg 122